アヒージョ！アヒージョ！［改訂版］

Ajillo! Ajillo!

バル、各種レストランに、アヒージョ専門店のメニュー110品！

旭屋出版

2

アヒージョは、自由で可能性の高い料理

バルには欠かすことのできないメニュー、アヒージョ。
オーソドックスなスペインバルはもちろんのこと、
巷のバルには、いろいろなアヒージョがあります。

アヒージョには、どれほどバリエーションがあるのか?
アヒージョにはどのような味が可能なのか?

そうした疑問が、この取材を始めるきっかけでした。
スペインだけでなく、和洋中の発想でどのような味に発展できるのかと、
人気店のシェフに試作もお願いしました。
それらを取材すればするほど、いろいろなアイデアのアヒージョが出てきます。
中には、思わず唸るほど斬新なアヒージョもありました。
その中から選りすぐった110品を、本誌でご紹介します。

バリエーションというと、具材を変えれば数限りなくできる、と思いがちですが、
実はそれだけではバリエーションを出すことはなかなかできません。
元の味わいから考える必要があるのです。
本誌をご覧になっていただくとお分かりと思いますが、
「アヒージョ」の定義に戻ると、実はこの料理ほど自由で
可能性の高い料理はないといっていいでしょう。
ご覧になっていただいたかたには、
いままでにないアヒージョの世界が広がっているはずです。
本誌を、新しいメニューづくりの参考にしていただけると幸いです。

旭屋出版　編集部

「アヒージョ！アヒージョ！改訂版」

● —— 目次

003 アヒージョは、自由で可能性の高い料理

▶ **007 アヒージョの基礎知識**

008 アヒージョとは、どんな料理（Tio Danjo｜檀上桂太）
010 エビのアヒージョ
012 マッシュルームのアヒージョ
014 鶏肉のアヒージョ
016 アヒージョとピルピルとの違い（パイスバスコ｜山田朋仙）
017 バカラオ・アル・ピルピル
020 もう一つのアヒージョ（La Casita｜渡辺庸生）
022 鶏肉とチレ・パスィージャのアヒージョ
023 タコとチレ・デ・アルボルのアヒージョ
024 エビとチレ・ムラートのアヒージョ
025 茸とチレ・チポトレのアヒージョ
026 ホタテとチレ・アンチョのアヒージョ
027 鯛とチレ・ヴァヒージョのアヒージョ

▶ **028 アヒージョ専門店のこだわり**

028 事例店①アヒージョ専門店 スプーン
029 下仁田ネギ＆カマンベール＆ベーコンのアヒージョ
029 塩タラと明太子の親子アヒージョ
031 アボカドとトマトのアヒージョ
032 地鶏のアヒージョ
033 アヒージョofアヒージョ＝ニンニク
034 ジャガイモとベーコンのアヒージョ 卵のせ
035 カンガルーのアヒージョ 朝倉サンショー風味
036 シイタケのアヒージョ

037 事例店②串アヒージョ専門店 オリーブ
039 季節野菜の串アヒージョ
040 マッシュルームの串アヒージョ スープ仕立て
041 ブリ大根の串アヒージョ 柚子胡椒あんかけ
042 カニ爪とホタテの串アヒージョ 蟹味噌ムース
043 牡蠣の串アヒージョ カレー仕立て
044 牛ロースとまぐろトロの串アヒージョ 炙り雲丹のせ
045 フルーツの串アヒージョ アイス添え

046 特別企画 バレンシア産、オーガニック・カヴァとアヒージョ

▶ **047 スペイン料理店系のオリジナルアヒージョ**

● 3BEBES
048 ソフトシェルクラブのアヒージョ
049 サザエのアヒージョ
050 トリュフとブラウンマッシュルームのアヒージョ
052 砂ずりのアヒージョ
053 生ハムのみじん切りとピクルスのアヒージョ

●cocina&bal boquerona
054 エビのアヒージョ
055 イカゲソとキャベツのアヒージョ

056 ムール貝のチリアヒージョ
057 せせりのピリ辛アヒージョ

●SPAIN DINING NIÑO TRAVIESO KYOBASHI
058 ミックスアヒージョ
059 イワシのアヒージョ
060 牛たんのアヒージョ

061 牛アキレスのアヒージョ
062 ツブ貝とそら豆のアヒージョ

▶ **067** 洋風レストラン・ダイニングのオリジナルアヒージョ

●ワインレストラン&ワインバー Celebourg
068 ポワローねぎとズワイ蟹のアヒージョ
069 オマール海老・セニョールのアヒージョ
070 牡蠣・生海苔・トリュフのアヒージョ

071 エスカルゴとキノコのアヒージョ
072 サーモンのアヒージョ、燻製したパプリカの香り
073 フォアグラとインカのめざめのアヒージョ

●赤坂あじる亭Annesso
074 タンドリーチキンのアヒージョ
075 にんにくと胡椒のアヒージョ
076 砂肝のアヒージョ
077 ムール貝のアヒージョ

078 ソーセージのアヒージョ
079 ヤングコーンと生ハムのアヒージョ
080 トムヤムクンアヒージョ
081 薬膳アヒージョ

●フレンチバル レ・サンス
082 マスのミ・キュイのアヒージョ
083 エスカルゴのアヒージョ
084 グルヌイユのアヒージョ

085 牛モツのアヒージョ
086 ブイヤベースのアヒージョ

●肉バル×アヒージョ Trim神谷町店
087 牛タンサガリのアヒージョ
088 ツブ貝のアヒージョ、アヒージョメパスタ 生ハム&パスタ

090 豚トロのアヒージョ
091 ナスのアヒージョ

●NERORI
092 シラスとヤングコーンのアヒージョ

093 雲丹とカリフラワーでアヒージョ

●幡多バル 東京西新宿店
094 黒尊川のこんにゃくと黒瀬町小エビのアヒージョ
095 四万十鶏とパプリカのアヒージョ

096 四万十ポークのソーセージと土佐ニンニクのアヒージョ
097 燻製ミンチと土佐佐賀しめじのアヒージョ

●NYU
098 砂肝スモーク、ザーサイ、レタスのアヒージョ

099 スルメイカと菜の花のイカワタを使ったアヒージョ

▶ **101** 和風レストラン・日本料理店のオリジナルアヒージョ

●Hanchika
102 アンチョビ白菜

103 えびとイカと季節野菜のアヒージョ

●大塚 うな串 焼鳥 う福
104 鰻かぶとアヒージョ

105 牡蠣玉アヒージョ

●炭焼隠家だいにんぐ いぶしぎん
106 野菜のアヒージョ

107 セセリとモッツァレラチーズのアヒージョ トマト風味

5

●日本酒バル 神保町 青二才
108 ねぎ間のアヒージョ
109 イイダコ、トマト、青さ海苔のしょっつるアヒージョ
110 サバの干物と塩レモン、鬼おろしアヒージョ

112 とん汁風アヒージョ
113 シャケハラスとペコロスと新ワカメのアヒージョ

●炉端焼き 一歩一歩
114 海老と蛤とキンキの海鮮アヒージョ
115 根菜のアヒージョ
116 彩野菜のアヒージョ

117 燻製ハーブ豚とミニトマトのアヒージョ
118 赤ナスと千寿ねぎとイワシの和風アヒージョ

●Hacco's Table
119 エビの味噌アヒージョ

●生姜屋 黒兵衛
120 生姜のアヒージョ

●北海道食堂 彦べえ 調布店
121 鶏肉と木の子とにんにくのアヒージョ

●四季の彩 旅籠
122 芋たこなんきんアヒージョ仕立て
123 鯛とにんにくのオリーブ焼き

124 にんにくと麩のふくめ煮 アヒージョ仕立て

► **125 焼肉料理店・中国料理店・エスニック料理店のオリジナルアヒージョ**

●焼肉ビストロ 牛印 京橋エドグラン店
126 ホルモンのアヒージョ
127 しいたけのアヒージョ

128 エリンギのアヒージョ
129 海老のアヒージョ

●Oriental Bistro SAHARA
130 ハーブシュリンプの亞ヒージョ

131 トマトとモッツァレラの亞ヒージョ

●メキシカンバル RICO
132 エビのアヒージョ

133 ホタルイカのアヒージョ

●chinese酒場 炎技
134 牛ロースの四川風 アヒージョ仕立て
135 賀茂なすの四川風 アヒージョ仕立て

136 牡蠣の四川風 アヒージョ仕立て
137 伊勢海老の四川風 アヒージョ仕立て

●AGALICO アガリコ オリエンタル・ビストロ
138 オリエンタルチリージョ ジャンボマッシュルームとベーコン
139 オリエンタルチリージョ そら豆とベーコン、マッシュルーム
140 オリエンタルチリージョ しし唐と砂肝

141 オリエンタルチリージョ ホタルイカとアスパラ
142 オリエンタルチリージョ ツブ貝とキノコ

●コラム
018 本場・スペインのアヒージョ事情　明比淑子
063 AJILLOを初めて食べた日本人は?
111 日本酒に合うアヒージョとは。

143 取材店紹介
149 アヒージョ 主材料別索引
160 奥付

【本書をお読みになる前に】
※本書に掲載されているアヒージョには、お店で提供されているメニューと、お店で試作していただいたメニューがあります。お店で提供されているメニューは、価格を表示してあります。試作メニューにつきましては、価格を表示してありません。
※お店で提供されているメニュー(=価格を表示しているメニュー)に関して、時期によっては材料その他の関係で、提供されない場合もあります。
※メニュー名は、お店の表記に準じています。
※アヒージョの価格、内容、お店のデータは、2019年4月20日現在のものです。
※基本的なアヒージョの作り方は、10〜15ページで紹介しています。アヒージョの調理はシンプルなものがほとんどなので、基本の作り方以外のアヒージョにつきましては、材料のみ紹介しています。好みの分量で、お店独自の味づくりをする際の参考にしてください。

アヒージョの基礎知識

さまざまなオリジナルアヒージョを紹介する前に、まず最初はオリジナルの料理に対する正しい理解について解説する。アヒージョとは、そもそもどのような料理なのか？　作り方のポイントは？　アヒージョのバリエーションを広げるために役立つ基本の調理技術、そしてアヒージョにまつわる定番の知識や意外な知識などを紹介。

Ajillo

アヒージョとは、どんな料理

Ajillo

スペイン料理の「原点」アヒージョ

スペインバルブーム以来、ワインのおつまみとして「アヒージョ」がさまざまな飲食店に普及している。アレンジも施され、ユニークなメニューも生まれているが、そもそもこのアヒージョ、どのような料理なのだろうか。

「アヒージョ（Ajillo）」とは、「アホ（Ajo）」つまり「にんにく」に由来するスペインの料理。オリーブオイルでにんにくを炒めて風味を出した中で素材を煮たシンプルな料理。バルではカスエラ（※注1）で供される。

「スペインではほとんどの料理は、調理工程のまず最初にオリーブオイルでにんにくを炒めます。最も基本的な作業が、にんにくをオイルで炒めることなのです。そこに、例えば香味野菜を加えて料理のベースとなるソフリート（※注2）を作ったり、トマトを加えてサルサ・デ・トマトにしたりします。つまり、『アヒージョ』はスペイン料理の中でも最もシンプルで原点に近いものといえます」

と解説するのは、東京・調布『Tio Danjo』オーナーシェフの檀上桂太さん。1995年に東京・恵比寿にスペイン料理レストラン『Tio Danjo』をオープン、以来、スペイン料理の魅力を伝え、スペインバルブームの火付け役にもなったシェフだ。20年目を迎えた2015年4月、調布に移転し地元でファンを集めている。

「アヒージョは、マドリッドから南の料理といわれていますが、全土で楽しまれています。スペイン料理の出発点のような料理なので、発祥は厳密には分からない

でしょう」

と檀上さん。マドリッドの南東の近郊には、アヒージョに欠かせないにんにくの産地・チンチョン（Chinchon）がある。またスペイン南部はオリーブオイルの一大産地である（※注3）。そうした地理的な条件からも、マドリッド以南の料理とされているのだろう。実際、マドリッドには、マッシュルームのアヒージョで有名な店があり、タパス（※注4）の一品として人気が高い。エビのアヒージョはアンダルシアで生まれという説もある。

にんにくと酸味の使い方がポイント

「アヒージョとしてスタンダードな材料は、エビ、マッシュルームに鶏、そして日本ではあまり見かけませんがウサギもよく使われます。また『アヒージョ』と名はついていませんが、ウナギ稚魚のビルバオ風（Angulas a la Bilbaina ※注5）も、にんにくオイル炒めなのでアヒージョの一種といえます」（檀上さん）

アヒージョの調理ポイントは、

「にんにくの使い方が重要です。細かく刻んだり、スライスしたり、叩いて潰したにんにくを使ったりとさまざま。合わせる素材によって、にんにくの扱い方を変えるようにします」

にんにくの風味を活かした料理なので、合わせる素材に応じて下処理を変えるのが本格スペイン料理のアヒージョの特徴だ。さらに、

「油煮なので、味を締めるために酸味がどうしても必用になります。通常はレモンを絞ることが多いのですが、鶏やウサギでは仕上げにビネガーをふることもあります」

と檀上さん。具の素材だけでなく、そのエキスが溶けたオイルをパンに浸し、最後まで味わうのがアヒージョ本来の魅力であるだけに、オイルも楽しむための調理が重要になる。

＊　　　　＊

バルなどで、カスエラでぐつぐつと煮立った状態で提供される。これが日本で「アヒージョ」のイメージ。

「日本ではワインのおつまみというイメージで広がっていますが、そもそもがにんにくオイルで加熱した料理なので、プレートに盛ってメイン料理として出されたりもします」（檀上さん）

酒の肴だけでなく、一品料理にもなる。この幅の広さが、アヒージョ本来の特徴といっていいだろう。

さまざまにアレンジされ、日本独自の"アヒージョ"が生まれている。そうした自由なアレンジが利くのは、アヒージョが

スペイン料理の原点に近い、きわめてシンプルな料理であるからだ。原点だけに、以後、さまざまなスタイルに料理が派生していけるというわけだ。具の素材、にんにく風味を、オイルとともに楽しませる料理として、ワインのおつまみに、アラカルトの一品にと、店独自のオリジナルの味をバラエティー豊かに楽しませたい。

footnote

※注1
カスエラ（Cazuela）は、スペインの伝統的な陶製耐熱容器。11cm大（深さ2cm強）の小型のものから、21cm大（深さ4cm強）の大型のものまで、サイズはさまざまにある。

※注2
ソフリート（Sofrito）は、スペインの料理の味のベースとなる、店で作る調味料のようなもの。通常は玉ねぎや人参、セロリなどの香味野菜をじっくり炒めて作る。イタリア料理ではソフリットとして大量に仕込むことが多いが、スペイン料理では調理のつど作ることが多い。

※注3
スペインは、オリーブオイルの生産量で世界一位（2013年度）。生産地は地中海沿いに位置し、南部のアンダルシア地方と北部のカタルーニャ地方が2大産地。特にアンダルシア地方は、スペイン生産量の80％を占めるといわれている。

※注4
語源には諸説あるが、スペインのバルで小さな器で出される手軽なおつまみのこと。

※注5
ウナギ稚魚のビルバオ風は、フランス国境に接するバスク地方のビルバオ県の県都の名物料理。にんにく、唐辛子を加えたオリーブオイルでウナギの稚魚を煮込んだもので、ウナギ稚魚の漁獲量が少ない今日では、超高級料理の一つ。

エビの アヒージョ
Gambas al ajillo

　エビのアヒージョは、定番中の定番。スペイン人の多くが、アヒージョとして想像するのがエビのアヒージョです。小エビなら「ガンバス・アル・アヒージョ（Gambas al ajillo）」に、車エビくらいのものなら「ランゴスタ・アル・アヒージョ（Langosta al ajillo）」にと料理名が変わります。エビの香りと味は、殻付きのまま油煮するとより強く出せるのですが、熱々のアヒージョでは食べにくいので、殻をむいて使います。アヒージョの具の素材は、煮る前に下味をつけます。エビは写真では塩だけにしましたが、『ティオ・ダンジョウ』では燻製パプリカの粉・ピメントンをふっています。アヒージョを味良く作るコツは、唐辛子とスライスしたにんにくをいかに焦がさず、香ばしい風味を出すかにかかっています。このため弱火で、にんにくにじっくりと火を入れます。仕上げのレモンは、酸味で味を締めるために使います。唐辛子は、辛みがあまり強くならないよう、種を除いて加えます。（檀上）

▶材料

小エビ、ピュアオリーブオイル、にんにく（スライス）、タカノツメ（輪切り）、塩、パセリ（みじん切り）、レモン（くし切り）

▶作り方

1. にんにくを用意する。ここではスライスしたにんにくを使う。スライスしてオイルに漬けておけば変色を防げ、にんにく風味のオイルとしても活用できる。
2. カスエラににんにく、タカノツメ、オリーブオイルを入れ、弱火にかける。
3. エビは、殻をむいたものを使う。油で煮る前に、塩で下味をつける。
4. カスエラは、弱火で混ぜながらにんにくを加熱する。苦みが出るので、にんにくは焦がさないよう注意する。
5. にんにくがきつね色になったら、「3」を入れる。
6. エビに火が通ったら、パセリをふり、仕上げにレモンを絞る。

マッシュルームの アヒージョ

Champiñones al ajillo

　マッシュルームも、アヒージョの具材としては定番。エビとは違った、濃厚なうま味と香ばしさのアヒージョに仕上がります。マッシュルームはカットしたり、小型のものを使ったりとスペインでも店それぞれ。大きなマッシュルームを使ってみじん切りのにんにくと生ハムをのせ、こぼさず食べやすいよう楊枝を刺しピンチョス風に仕上げたこの料理は、マドリードの人気店「メソン・デル・チャンピニョン」のスタイル。それを『ティオ・ダンジョウ』が紹介して、今では各地のバルで見られるようになりました。一般に茸はしっかり焼き色をつけた方が、うま味と香ばしさが出ますので、アヒージョでもにんにくオイルで煮る前に、しっかりと焼き色をつけるのがポイントです。スペインのバルでは鉄板を使って調理することが多いので、ここではフライパンで代用しました。塩味は、塩ではなく生ハムの塩けを利用しました。生ハムに代えて、ベーコンやチョリソーでもいいでしょう。(檀上)

▶材料

ジャンボマッシュルーム、ピュアオリーブオイル、塩、にんにく（みじん切り）、生ハム（みじん切り）、白ワイン、パセリ（みじん切り）、レモン（くし切り）

▶作り方

1. マッシュルームは、軸を根元から抜き取る。熱したフライパンにオリーブオイルを注ぎ、軸があった方を下にしてマッシュルームをフライパンに入れ、弱火で焼く。
2. 焼き色がついたら、ひっくり返して塩をし、オリーブオイルを足してさらに加熱する。軸のあった穴に水分が溜まってきたら、仕上げに入る。にんにくのみじん切りを入れて、弱火でにんにくが色づくまで炒める。
3. にんにくがきつね色になったら、生ハムを加える。フライパンをゆすりながら、生ハムに火を入れる。
4. 味をみて足りなければ塩をし、白ワインをふって香りをつける。
5. カスエラに移す。マッシュルームの軸のあった穴に、フライパンのにんにくと生ハムを入れる。火にかけて、再度煮立てる。
6. ぐつぐつしてきたらパセリをふり、レモンを絞る。楊枝をさす。

鶏肉の
アヒージョ
Pollo ajillos

アヒージョといえば、カスエラで提供する手軽なおつまみという印象が強いのですが、スペインでは肉を素材にプレート盛りにし、お昼のメインディッシュにしたアヒージョもあります。バルでは鶏肉のアヒージョを注文し、オイルにパンを浸して食べてお昼をすませる労働者もよく見られます。鶏は骨つきモモ肉を使うと、うま味が出てより味良く仕上がります。鶏肉のように比較的大きくて火が通りにくい素材や、メイン料理となる素材を使う場合は、にんにくは丸のままをつぶして使います。他の切り方より火が入りにくく、火の通りを肉と同じにできるからです。香りづけとして、白ワインに代えてシェリーを加えると、「ヘレス風」(シェリーの産地名)とメニュー名に加えることができます。ここではシェリー酒に合わせて酸味はシェリービネガーを使い、濃厚な風味とすっきりとした後味で魅力を高めました。なお使う肉は、鶏肉以外に日本ではあまり使われないウサギ肉も定番です。(檀上)

▶材料

骨つき鶏モモ肉、マリネの材料（パセリ、ローズマリー、タイム、ローリエ、にんにく、オリーブオイル）、ピュアオリーブオイル、にんにく（丸ごと）、タカノツメ、塩、胡椒、ドライシェリー、シェリービネガー、パセリ（みじん切り）、レモン（くし切り）

▶作り方

1. 鶏モモ肉は、マリネの材料で漬け込み、ラップをして冷蔵庫で寝かせておく。
2. にんにくは、押しつぶしておく。皮つきのままでも良い。タカノツメは縦に切れ目を入れ、種を出しておく。
3. 熱したフライパンにたっぷりのオリーブオイルを注ぎ、「2」のにんにくとタカノツメを入れて弱火で加熱する。にんにくがきつね色になったら、「1」の鶏肉に塩・胡椒をしてを入れ、炒める。
4. 途中でにんにくとタカノツメに火が入りすぎるようなら、取り出す。鶏肉は、皮目をしっかり炒めてパリッとさせたら、フライパンのままオーブンに入れて中まで火を通す。
5. 鶏肉に火が入ったら、取り出したにんにくとタカノツメをフライパンに戻し、再加熱する。ぐつぐつし出したら、シェリー酒とシェリービネガーを加えて香りをつける。
6. カスエラに移して再加熱する。ぐつぐつしてきたら仕上げにパセリをふり、レモンを絞る。

アヒージョとピルピルとの違い

Ajillo v.s. Pil-Pil

■ 材料が同じでも、見た目は別物の料理

アヒージョの人気の高さは、相変わらずだ。そして、アヒージョをきっかけに、スペイン料理に興味を持つようになった人も多い。だが、スペイン料理を食べ進み、各地の料理を知るうちに、「これは何だろう？」と気になる料理が浮上してくる。ピルピル（Pil-Pil）だ。

なぜ気になるのか。

それは材料を見ると分かる。ピルピルの材料は、オリーブオイル、にんにく、唐辛子と具材。つまり、アヒージョと同じなのだ。このため、なぜ料理名が違うのか。アヒージョとピルピルの違いは何なのかが気になってくる。

「ピルピルとは、バスク地方の伝統的な料理です」

というのは、東京・銀座のバスク料理が売り物の店『PAIS VASCO』の山田朋仙シェフ。

バスク地方は、スペイン北東部でフランスと国境を挟んで広がる地域。両国にまたがって独自の文化を形成しており、食通が訪れる地域でもある。

「確かに、ピルピルに用いる材料はアヒージョと変わりありませんが、右ページ写真のように完成した料理は見た目にも、楽しまれ方も違います。ピルピルとアヒージョは、全く異なる料理といえるでしょう」（山田さん）

■ ピルピルの特徴は、「乳化」にある

材料が同じなのに、なぜ全く異なる印象になるのか。

「それは、アヒージョが一種のオイル煮であるのに対して、ピルピルは具材をオイルで煮た後、具材から出た肉汁などのエキス分とオイルを乳化させるためです。アヒージョがカスエラの中で煮立っているイメージなのに対して、ピルピルは器の中でとろりとしたソースに浸っています。このとろみが、アヒージョとの決定的な違いです」

と山田さん。ちなみに料理名の「ピルピル」は、具材から出た肉汁やゼラチン質（コラーゲン）とオイルを、ゆっくりとかき混ぜて乳化させるが、乳化して気泡が出るときに出す音が、「ピルピル」と聞こえることから、その名がついたと言われる。

「乳化が大事なので、具材はゼラチン質が多いものに限られます。伝統的に用いられるのはバカラオ（干したタラまたはメルルーサ）がほとんどです」（山田さん）

具材としては、アヒージョの多彩さはなさそうだ。

「人気の具材は、ココチャです。これはタラかメルルーサの下唇の下部に位置する「V」字型をした部位で、現地では魚屋でも売っています。ゼラチン質で、ぷるんとした食感が特徴です。このため、同じバカラオの部位でも、身の部分とは異なり、ココチャは珍重されます」

■ 店によって異なる「乳化」の手法

乳化については、各店でそれぞれの手法があると言う。

「私が働いていた店の厨房では、ピルピルを入れた鍋を片手に、もう片方の手で器を持ち、鍋から器へ、器から鍋へと何度か移し替えることで乳化をしていました。最初に見た時は、『こんなに大まかな作業でいいんだ』と驚いたことがあります。現在の店では、鍋を揺すって乳化をしています（上写真参照）」

と山田さん。それ以外にも、両手鍋の取っ手を持って横回転させて乳化させるところや、大きめの茶漉しのようなアミをオイルに入れてぐるぐるかき混ぜ、乳化させるところもある。また家庭用に、電動で鍋を横にゆする「ピルピルマシーン」も売られている。ピルピルは、飲食店だけでなく家庭でも作られる料理なのだ。

日本では、乳化は比較的ややゆるめが好まれることから、山田さんも店ではスペイン修業時よりもゆるめにして

バカラオ・アル・ピルピル

いると言う。

「現地のピルピルは、やわらかめのマヨネーズほどのトロッとした感じ。しかもこれがオリーブオイルと魚の肉汁なので、日本人には相当重いと感じられます。私も修業時代は食べ歩きましたが、1週間を超えるとあまりの重い料理の連続に、苦労した覚えがありますから、日本人向けには軽く仕上げるようにしています」（山田さん）

店ごとの味わいの差は、もちろんバカラオの質の良さに加え、どのようなオリーブオイルを使うか、乳化をどの程度まで行うかという部分にかかっている。特に、味のメインを占めるオリーブオイルは、質の高いものを使うことがポイントだ。

■ アヒージョとは、楽しまれ方も異なる

最後に、楽しまれ方について紹介しよう。現地では、ピルピルは大衆食堂でもレストランでも出される料理。アヒージョが主にバルでしか出されないのに対し、ピルピルは、バスク地方ではいろいろな店で出されている。

その出し方も、鍋で作って皿に盛り付ける。加熱したカスエラでそのまま出されるバルのアヒージョとは、提供方法も異なるのだ。

「ピルピルがコースの中に構成される場合は、魚料理となります。バルではピンチョスにして出されているのを見たことがありますが、基本は魚料理です。これも、バルではおつまみのアヒージョとの違いです」

また前述のように、ピルピルは家庭でも作れる料理。

「しかも、どちらかというと"男の料理"のイメージがあるのか、家庭で作られる時は、家のご主人が作ることが多いように思います」（山田さん）

鍋を掴んでぐるぐる回す作業が、力仕事を連想させるからだろうか。繊細なようでいて、豪快なイメージもあるのがピルピルというわけだ。確かに、アヒージョとは全く異なる料理と言える。

本場・スペインのアヒージョ事情
Ajillo en España

■ 一般家庭の食卓における アヒージョの扱い

今やスペインを凌ぐほど、さまざまな個性のアヒージョを見かけるようになった日本。となると、"本家"スペインのアヒージョ事情が、あらためて気になってくる。そこで酒精強化ワイン研究家で、スペインの食文化にも詳しい明比淑子(あけびよしこ)さんに、スペインでのアヒージョの楽しまれ方をうかがった。

　　　*　　　*　　　*

私が初めてアヒージョを食べたのは、スペイン語を学ぶためにマドリードでホームステイしていた頃です。今思い返すと、陶器のカスエラに入ったアヒージョをホームステイ先で出された記憶はなく、日本でイメージされる"アヒージョ"を食べたのは、バルでした。

そこであらためて、かつてのホームステイ先にうかがってみたところ、鶏肉やマッシュルームをオイルとにんにくで調理した"アル・アヒージョ"は食べているとのことでした。家庭で食事の一品として、バルのようなスタイルで、出されることは少ないようです。長年マドリードに住んでいた友達に聞いても、「あれはバルでつまむものよ」とのことでした。

■ アヒージョと アル・アヒージョ

ここで、少し整理しておきたいと思います。日本ではカスエラにオイルをたっぷり入れてにんにくと唐辛子と共にオイル煮にしたようなものをアヒージョと呼んでいるようです。けれどもスペインでは、前出の通り、アル・アヒージョといって、にんにく風味の調理法を指します。

そのため、料理の本でも、何をアル・アヒージョにするのかで、出てくる項目が違います。たとえばマッシュルームの場合はキノコの部門に、アル・アヒージョ、アル・ヘレス、アル・ビノ・ティントというように、風味づけの仕方の違いによってアル・なになにという名称で出てきます。ちなみにアル・ヘレスはシェリー風味、アル・ビノ・ティントは赤ワイン風味です。にんにく風味がアル・アヒージョです。

では、なぜカスエラ入りのアル・アヒージョは家庭ではなく、バルで食べるのか。それは、食事の一皿用というより、仲間とつつきながら食べるのに向いたスタイルのタパスだからではないでしょうか。

■ スペインの生活に かかせないバルの存在

スペインの人たちはバルをよく利用します。朝はバルで朝食をとり、昼までの間の休憩でバルに行き、昼食前に一杯飲み、バルで昼食もできるし、午後のひと時をバルで過ごし、夕食前にもバルでタパスをつまみ、夕食もバルで食べ、といった具合に、一日中バルは活用されます。

どんな小さな村にでも、普通は少なくとも1件はバルがあり、そこが村人たちの集いの場、情報交換の場になっています。地方のバルには、季節の、地元の食材を使った、その日のタパスがあったりして、まさに日本の居酒屋の酒のつまみと同じ感覚です。

特に、タパTapa(小皿料理。タパスは複数形)の発祥の地であるアンダルシア地方では、さまざまなバルをはしごし、入った店のカウンターに並ぶ名物のタパや自慢のタパを楽しむ文化があります。こうしたバルのはしごを「タペオ。Tapeo」といい、アンダルシア

での生活を送る際に欠かせない楽しみです。
　各店で、ワインを1杯頼み、その店の得意料理をつまみ、また次の店でもう一杯ワインを頼み、得意料理をつまむ。これで何軒か周れば、日本人なら十分お腹がいっぱいになるはずです。

■ アヒージョがバルで楽しまれるわけ

　スペイン人は1日5回食事すると言われますが、その中で最も重要な食事が昼食です。通勤時間の長い大都会は別として、それ以外の地方の町に住む人の多くは自宅に帰って昼食を取ります。
　ただスペインの午前中は一応12時までですが、昼食までを午前中というならば、14時か15時まで、いわゆる午前の仕事は続きます。そのため、家に帰る前に友達とバルに寄って、グラスワイン一杯ぐらいで、タパスをつまみ、歓談してから各自、家に帰って昼食をとるということがよくあります。
　自宅での日常の食事では、ワインは飲んだとしても、酒肴をつまんで酒を楽しむといった、日本の「晩酌」スタイルの飲み方はありません。そのため、ちょっと一杯は外のバルで済ませるわけです。
　そんなときカスエラ入りのエビのアル・アヒージョなど、冷えにくいし、各人が爪楊枝で刺してつまむにはピッタリの形態です。
　またスペインでは通常ラシオンとメディア・ラシオンといって、フルサイズか半サイズが、人数によって料理の量を選べるようになっています。大人数の時はラシオンを頼めば、エビのアル・アヒージョならエビがいっぱい入ったカスエラが出てくるはずです。これをみんなでつつけば、話も弾みます。

■ マドリードのバルのアヒージョ

　首都であるマドリードは人口が多くさまざまな人たちが集まりますので、様々なタイプのバルがあります。そんななかで、旧市街にあり、旅行客も外せない、エビのアヒージョで知られるバルがあります。ラ・カサ・デル・アブエロ、「おじいちゃんのうち」という名前です。ここは、誰もがエビのアヒージョを求めてやって来るので、カスエラがズラッと並んでいます。作っているところが見えるので、それを見るのも楽しみなようです。ただ、この店はエビのアヒージョだけでなく、エビのア・ラ・プラ

ンチャという鉄板焼きも看板料理の一つなので、こちらを注文する人も多く見られます。
　もう一つ、日本でよく知られているアヒージョはマッシュルームでしょう。こちらもマドリードの中心広場のすぐ横に「メソン・デル・チャンピニョン」という食堂があり、観光客に人気です。スペイン語でチャンピニョンと呼ばれるマッシュルームのアル・アヒージョが名物で、注文する人がたくさんいます。
　こういったところではサングリアを飲む人も多いようです。

■ アヒージョにワインを

　観光地ではサングリアかもしれませんが、私の知る限り、サングリアで食事をするスペイン人は見たことがありません。スペインには良いワインがたくさんあるので、シーフードの場合、白ワインやロゼ、軽い赤でもいいでしょう。シェリーのフィノやマンサニーリャも文句なく合います。
　ご家庭でアヒージョを作られるとき、ぜひスペインワインを1本ご用意ください。バル気分でつつきながら食べればアヒージョの楽しさを存分に感じていただけると思います。

明比淑子さんのスペインワインサイト
http://www.vinoakehi.com/

もう一つのアヒージョ

A j i l l o   e n   e s p a ñ a

メキシコで「アヒ」とは唐辛子のこと

スペイン以外でも、独自のアヒージョを持つ国がある。それは、スペインとは大西洋をはさんで9000km以上も離れた中米の国・メキシコだ。

大航海時代の16世紀初め、メキシコはスペインに征服されて以来、生活スタイルや食事などさまざまなな分野でスペインの影響を受けてきた。そして料理においても独自の「アヒージョ」が生まれ、親しまれているのだ。

そうしたメキシコのアヒージョ事情を、日本におけるメキシコ料理の第一人者で、東京・代官山の**メキシコ料理店『La Casita』**のオーナーシェフである**渡辺庸生さん**に紹介していただいた。

*　　　　*　　　　*

「メキシコでは、8000年も前から唐辛子を食べられてきました。歴史が長く唐辛子文化が発達したメキシコでは、面白いことに、先住民族のナワトル語では、唐辛子を食用に用いる場合は『チレ』と呼びますが、薬用に用いる場合には『アヒ』と呼んで区別していたのです。この呼び名が、メキシコ独自のアヒージョの発展の一つの要因です」（渡辺さん）

1519年、スペイン人のエルナン・コルテスがメキシコに上陸し、当時、繁栄していたアステカ王国を征服すると、以後、スペインから続々入ってくる人たちによって、メキシコにスペインの食文化とにんにくが持ち込まれていく。

時代が下るとともにアヒージョも持ち込まれたが、メキシコ国内で時間を過ごす間に地元の伝統的な食文化の影響を受け、スペインの料理とは性格の異なる料理として生まれ変わっていく。にんにくの意味である「アホ」ではなく、メキシコの人々に馴染みのある「アヒ」という言葉と融合することで、メキシコならではの「アヒージョ」が生まれたのだ。

「メキシコ生まれのアヒージョの特徴とは、第一ににんにくは用いますが、あわせて唐辛子の個性もより際立たせていることです。そして第二にオイルには、スペインでは生産量世界一を誇るオリーブオイルが使われますが、今日、メキシコでは手軽に手に入るサラダ油が用いられます。さらに第三には、スペインのように食生活の中にバルの文化がないメキシコでは、アヒージョはカスエラに入った酒のつまみとしてではなく、一品料理としてプレート盛りで供されることがあげられます」（渡辺さん）

メキシコでは今日、唐辛子は30種ほども種類があり、それぞれの個性に応じて料理に使い分けるのがメキシコ料理の特徴だ。「アヒージョ」も、にんにくとともにその唐辛子の個性をきかせたオイルの中で具材を加熱する。そしてプレートに盛られた食事メニューの一品となる。ちなみに、スペインの元となったアヒージョは、メキシコでは「Al mojo de ajo（にんにく風味炒め）」と呼んで区別されるという。

唐辛子の個性を活かしたアヒージョ

前述のように、現在、メキシコでは約30種類もの唐辛子が流通し調理に用いられている。日本で唐辛子というと、ただ辛いだけのイメージがあるが、メキシコの唐辛子は辛さに加えて熟成したうま味や、甘み、燻香のあるものなどさまざまで、それらを調理の目的に応じて

選択する。

「日本で知られるメキシコの唐辛子としては、チレ・ハラペーニョや激辛のチレ・アバネロなどですが、メキシコで実際にアヒージョに用いられる唐辛子としては、チレ・パスィージャかチレ・ウァヒージョが一般的です」

と渡辺さん。

チレ・パスィージャは、強い辛みと苦みを持った個性あふれる唐辛子で、長さが15〜20cmほどもある。チレ・ウァヒージョは、やさしい辛みと香りの高さが特徴の唐辛子だ。

こうした唐辛子以外に、オイルで煮ると色素とうま味が溶け出て、熟成した香りが楽しめる唐辛子や、辛みがほとんどなく、熟成したうま味がストレートに楽しめる唐辛子もある。

「最近では、日本にもさまざまなメキシコの唐辛子が入ってくるようになり、以前に比べると手軽に入手できるようになりました」（渡辺さん）

中には、本格的に日本で栽培され、フレッシュで使えるようになったメキシコ唐辛子さえもある。

「そうしたメキシコの唐辛子の特徴を活かし、次ページからは一般的なメキシコでの使い方だけにこだわらず、相性のいい素材と組み合わせる使い方で、メキシコ独自のアヒージョを作ってみました」

と渡辺さん。メキシコの食文化というフィルターを通すことで、アヒージョの可能性は、今後ますます広げられそうだ。

メキシコの代表的な唐辛子。ザルの写真手前より時計回りに、チレ・ムラート、チレ・ウァヒージョ、チレ・デ・アルボル、チレ・アンチョ、チレ・パスィージャ。ガラス容器はチレ・チポトレ。

鶏肉とチレ・パスィージャのアヒージョ

Pollo al ajillo

メキシコでは定番で、全国どこにでもあるほど身近な料理。合わせる唐辛子は、強い辛みと苦みが特徴のチレ・パスィージャ。油で加熱することで溶け出るこの唐辛子のうま味が、淡白な鶏肉によく合います。また、このうま味は昆布のだしにも似ており、意外性に驚きを感じさせます。金時豆を玉ねぎ、塩とともに煮てマッシュし、ラードで炒めたフリホーレス・レフリートスと、トルティージャをラードで揚げたトトッポを付け合せにしました。(渡辺)

 材料

鶏モモ肉、塩、にんにく、チレ・パスィージャ、サラダ油、レモン、パセリ、フリホーレス・レフリートス(金時豆、水、塩、玉ねぎ、ラード)、チーズ、トトッポ

タコとチレ・デ・アルボルの アヒージョ

Pulpo
a
la
marinera

チレ・デ・アルボルは、日本のタカノツメに似る鋭角的な辛みがあり、さらに香り高く熟成したうま味が特徴。タコをよく食べるメキシコでは、海岸線の町でよく見られる組み合わせです。ポイントは、必ずトマトで酸味を加えること。ここでは油を多く、チレもたくさん使い、アヒージョらしく仕上げました。スペイン語名の「marinera」は、海で仕事をする人たちの総称。メキシコでは海岸地帯でのタコの食べ方として浸透し定着していることから、「ajillo」より「marinera」がふさわしいでしょう。タコ以外では、鶏肉との組み合わせも定番です。（渡辺）

▶材料

タコ足、トマト、マッシュルーム、塩、にんにく、チレ・デ・アルボル、サラダ油、レモン

エビと
チレ・ムラートの
アヒージョ

Camarones al ajillo

▶ 材料

エビ、塩、にんにく、チレ・ムラート、サラダ油、アロス・ブランコ（米、水、サラダ油、ライム、玉ねぎ、にんにく）、ピーマン

メキシコの海岸地帯でよく見られる「Camarones al mojo de ajo」に、チレ・ムラートを合わせた『ラ・カシータ』のオリジナル。乾燥品のチレ・ムラートは、辛みがほとんどなく、プラムのような甘い味わいと熟成したうま味が特徴の唐辛子です。油の中で加熱すると、色とうま味が溶け出て、まるで昆布にも似た味わいになります。付け合せとして、米をサラダ油で炒めた後、他の材料とともに炊き込んだアロス・ブランコ（白いご飯）を添えました。（渡辺）

メキシコでは、主に山岳地帯でよく食べられる茸類を使い、メキシコのテイストで創作したアレンジメニューです。チレ・ハラペーニョの燻製品であるチレ・チポトレは、スモーキーな香りと熟成したうま味があり、にんにく風味の油と組み合わされることで、だしや味噌とも感じられるうま味になります。淡白な素材の持ち味を活かす組み合わせで、茸類ともよく合います。(渡辺)

茸とチレ・チポトレのアヒージョ

Hongos al ajillo

 ▶材料

エリンギ、マッシュルーム、しめじ、塩、にんにく、チレ・チポトレ、サラダ油

ホタテと
チレ・アンチョの
アヒージョ

Callo de hacha al ajillo

▶材料

ホタテ貝柱、塩、にんにく、チレ・アンチョ、サラダ油、レモン

チレ・アンチョは、15cm大になる大型唐辛子のチレ・ポブラノの熟成したものを乾燥させたもの。辛さはまろやかで、甘みと香りが高いのが特徴です。大きさを利用して、水で戻して中に詰め物をする料理がメキシコでは見られます。この料理は、それをヒントに考案した、斬新なスタイルです。チレ丸ごとをにんにく油で煮て器に盛り、チレの甘み、うま味、香りが溶け出た油でホタテに火を入れて添えます。ちなみに、料理名の「Callo de hacha（カジョ・デ・アチャ）」は、メキシコではホタテ貝柱のことを指します。（渡辺）

鯛と
チレ・ウァヒージョの
アヒージョ

Huachinanguito
al
ajillo

鯛を1尾使い、チレ・ウァヒージョの風味を溶かした油で火を通した贅沢なアヒージョ。チレ・ウァヒージョは1本で唐辛子の特性を全て兼ね備えた高価な品種で、高級食材と組み合わせることが多い素材です。鯛以外では、伊勢エビなどでもいいでしょう。オレンジの甘い風味に辛みのきいた油とマッチさせるのも、メキシコのテイスト。風味と辛みが上品にやわらぎます。(渡辺)

▶材料

鯛、ライム、塩、にんにく、チレ・ウァヒージョ、サラダ油、オレンジ、イタリアンパセリ

アヒージョ専門店のこだわり｜事例店①
アヒージョ専門店 スプーン

専門店としてアヒージョの品数が多いだけでなく、いろいろな味を楽しめるようにしているのが、神奈川・横浜の『スプーン』。さらに、アヒージョをメインに楽しめるコースも用意。メインのアヒージョは3種類で、そのアヒージョによって、しめのパスタの味わいが月替わりで変化するようにし、お客をあきさせない。

神奈川県横浜市中区野毛町1-46-1 MS野毛ビル203
電話　　　045-253-3473
営業時間　月曜日〜金曜日18時30分〜24時、土曜日17時30分〜24時、日曜日17時30分〜22時（月曜日が祝日の場合は17時30分〜24時）
定休日　　火曜日

店主　上原伸一

『スプーン』は、2014年5月オープン。横浜の関内駅と桜木町駅の間の野毛商店街の中に立地する。横浜市内でも有数の飲食店、とくに居酒屋、飲み屋が集中している商店街。老舗も多く、幅広い客層でにぎわっている。

14品の定番アヒージョ
＋
月替りアヒージョ

定番のアヒージョは、肉（鶏、子羊、豚、牛、ベーコン）と魚介（エビ、ホタテ、タコ、しらす）と野菜（ニンニク、マッシュルーム、しいたけ、じゃがいも、アボカド）の14種類を用意。それに月替わりで2種類を提供。月替わりのものは、季節の食材を使って構成している。

◉ 下仁田ネギ&カマンベール& ベーコンのアヒージョ　780円(税別)

これは月替わりアヒージョとして2019年の1月に提供したもの。冬期においしい下仁田ねぎをメインに、カマンベールチーズとベーコンを合わせた。ベースのハーブオリーブオイルにフレッシュのタイムとパセリを合わせ、下仁田ねぎだけに塩をして加熱。とろけるチーズにねぎをからめても楽しめる。

2019年1月の月替りアヒージョ

◉ 塩タラと明太子の親子アヒージョ　980円(税別)

冬の鍋料理で人気のタラを使った1月限定で提供したアヒージョ。タラコを使った明太子を合わせたので「親子アヒージョ」とネーミング。ベースのハーブオリーブオイルに、フレッシュのディルとパセリを合わせて風味付けした。明太子は、半生の状態で食べてもいいし、よく加熱してオイルになじませて、タラの身やパンにからめて食べてもいい。

2019年1月の月替りアヒージョ

アヒージョ専門店のこだわり　事例店① | アヒージョ専門店　スプーン

ベースのハーブオイル
＋
素材別に
フレッシュハーブ

『スプーン』のアヒージョの特徴は、合わせる素材ごとにハーブを変えて風味に違いを出すこと。ベースは、ピュアオリーブオイルにタイム、タカノツメ、ローズマリーを4日漬け込んだもの（写真）。タイムとローズマリーはフレッシュのもの。このベースに、ニンニク（スペイン産）、タカノツメ（輪切り）を加え、使う素材別にハーブを変えて合わせている。合わせるハーブもフレッシュ。ドライだと香りが強すぎるのでフレッシュのを合わせている。

アヒージョを
楽しむ
パーティコース

アヒージョ専門店らしく、アヒージョを楽しむためのコースも用意した。前菜、サラダ、アヒージョ、パスタ、デザートの内容で4500円（バケット食べ放題、飲み放題付き、4名より要予約）。アヒージョは3種類で、その1品は月替わりのものを提供。この3種類のアヒージョのオイルを合わせてペペロンチーノを作るという趣向。月替わりのアヒージョが1品加わるので、そのオイルも加わる「しめのパスタ」の味わいも月替わりで変化する。「オイルを最後まで味わう料理がアヒージョ」という考え方を追求して開発したコースだ。

アヒージョ専門店のこだわり事例店①｜アヒージョ専門店 スプーン

女性に一番人気

● アボカドとトマトのアヒージョ　780円（税別）

ベースのハーブオリーブオイルにニンニク、タカノツメを加え、トマトとアボカド、フレッシュバジル、タイム、パセリを合わせて加熱。トマトとアボカドは固さを見て先に加熱することもある。アボカドもトロトロになるくらいがおいしい。オイルにバケットを浸しておいしいよう、トマトとアボカドには強めに塩・こしょうをするのもポイント。塩は伯方の塩を使用している。

● 地鶏のアヒージョ　500円（税別）

店の立地する野毛商店街は、老舗の焼き鳥屋が多いことでも有名。そこを意識して開発したのが、この鶏肉のアヒージョ。ベースのハーブオリーブオイルにニンニク、タカノツメ、そして、フレッシュのタイムとパセリを加えた。鶏肉は、モモ肉、ムネ肉、ハツ、レバー、砂肝を合わせた。一皿でいろいろな部位を楽しめるようにして満足度を高めた。

立地を考慮した一品

アヒージョ専門店のこだわり事例店① | アヒージョ専門店 スプーン

ニンニクを主役にした！

● **アヒージョ of アヒージョ＝ニンニク　880円（税別）**

「アヒージョ」はスペイン語で「きざんだニンニク」の意味。ベースのオイルには常にニンニクみじん切りが入るが、これはニンニクをメインにした。ベースのハーブオリーブオイルにタカノツメ、そしてフレッシュのパセリとタイムを合わせてスペイン産のニンニク粒と生ハムを。ニンニクには塩をしないで、生ハムの塩気で、ホクホクになったニンニクを味わってもらう。

卵を
ソースにも
！

● ジャガイモとベーコンのアヒージョ 卵のせ　880円（税別）

ベースのハーブオリーブオイルに、ニンニク、タカノツメ、そして、フレッシュのローズマリーとパセリを合わせてじゃがいもを加熱。じゃがいもは主にメークインで、一度素揚げしたものに塩・こしょうをしてオイル煮する。玉子を中央に割って、黄身が半熟の状態で提供。半熟卵黄をからめてじゃがいもを食べてもらう。

● カンガルーのアヒージョ 朝倉サンショー風味　1080円（税別）

2019年の2月の日替わりアヒージョとして提供したもの。カンガルーはやわらかいフィレ肉を使用。ベースのハーブオリーブオイルにニンニク、タカノツメを合わせ、カンガルー肉とフレッシュの山椒とタイムとともにオイル煮。2月は兵庫・但馬の生の山椒の実が入るので提供した。山椒の実を噛むとさわやかな香味が広がり、アクセントになる。

珍しい肉もアヒージョに

アヒージョ専門店のこだわり事例店① アヒージョ専門店 スプーン

シンプルさを魅力に

アヒージョ専門店のこだわり事例店① アヒージョ専門店 スプーン

● シイタケのアヒージョ　780円（税別）

2人で来店して2〜3種類注文するパターンが多い中、その中の1品に非常によく注文されるのが、しいたけオンリーのアヒージョ。ベースのハーブオリーブオイルにニンニク、タカノツメを合わせて、フレッシュのタイムとパセリとともにしいたけをオイル煮。しいたけは、肉厚のものを選び、軸も付けてオイル煮し、しいたけを丸ごと味わってもらう。

アヒージョ専門店のこだわり｜事例店②
串アヒージョ専門店　オリーブ

素材を串に刺してアヒージョにし、それぞれの素材に合わせた味付けで提供するのが、『串アヒージョ専門店　オリーブ』。アヒージョの楽しみ方で特化した新業態だ。

大阪府大阪市北区池田町7-8
電話　　　06-7708-4588
営業日　　予約のみで月曜日～木曜日（金曜日～日曜日は「串カツ酒場 天満店」として営業）
営業時間　17時～24時（L.O.23時）
定休日　　金曜日、土曜日、日曜日、祝日前日（祝日は営業）

オーナー　大橋孝朗（左）
料理長　立石更輝（右）

ウニソースにフォンデュして食べる串カツ「ウニージョ」や、エビソースで食べる「エビージョ」が名物の『串カツ酒場　天満店』の隣に、はなれ的な店として2018年11月にオープン。アヒージョのコースのみ、予約のみで、月曜日～木曜日まで営業している。金曜日、土曜日、日曜日と祝日の前日は『串カツ酒場』として営業する。

「アヒージョ」を調理法ととらえて専門店化

オリーブオイルで色々な食材を煮るアヒージョの、その調理法を「アヒージョ」としてとらえたのが、『オリーブ』。オリーブオイルを入れたカスエラという容器で煮て提供するのではなく、オリーブオイルで揚げて、一番おいしい状態で出す。油で浸した状態で出さないので、約50％のカロリーダウンも実現させた。

串カツとの融合

大阪名物の一つ、串揚げのスタイルをアヒージョと融合させたのが『オリーブ』。串揚げスタイルにすることで、1本ずつ自由な味付けにしたのも大きな特徴だ。この特徴を生かして、1本ずつ味付けが変わるコース仕立てで提供している。

最新調理機器の活用

『オリーブ』の串アヒージョは、分子調理器を使って、食材を1本ずつ丁寧に素揚げする新しい調理法を採用。電波振動をオイルに与えることで、食材や油内の水分子をコントロールして素材の味を活かした均一な揚げ方が誰にでもできる。また、揚げた後の油切れがバツグンで、何本も食べやすい串アヒージョにした。

予約のみ、コースのみで営業

串アヒージョでは、牛フィレ肉やカニ爪、マグロのトロなど高級具材を活用。1本ずつ、味付けを「カレーソース」や「トリュフ塩」、「スパイス仕立て」など具材の特徴によって変えてコースでのみ提供。一皿ずつ味が変わるのと、高級食材が登場することで、串揚げより贅沢なコース内容に仕上げた。

一皿ずつ、個別の味で提供

コースでの串アヒージョの提供は、ひと皿ずつ味を替え、皿と盛り付け方も変えて提供。大きめの皿に美しく盛り付けて提供し、女性客の多くが「こんなオシャレな串揚げは見たことない」、「アヒージョよりヘルシーでおいしい」という感想を挙げるという。

レディース串アヒージョコース　4500円（税別）
・前菜盛り合わせ
・季節野菜の串アヒージョ
・ブリ大根の串アヒージョ　柚子胡椒あんかけ
・牡蠣の串アヒージョ　カレー仕立て
・カニ爪とホタテの串アヒージョ　蟹味噌ムース
・牛ロースとまぐろトロの串アヒージョ　炙り雲丹のせ
・牛フィレ肉の串アヒージョ　グレービーソース
・フルーツの串アヒージョ　アイス添え

季節の串アヒージョコース　5500円（税別）
・前菜盛り合わせ
・季節野菜の串アヒージョ
・マッシュルームの串アヒージョ　スープ仕立て
・ブリ大根の串アヒージョ　柚子胡椒あんかけ
・牛タンと白子の串アヒージョ　ポン酢ジュレ
・牡蠣の串アヒージョ　カレー仕立て
・カニ爪とホタテの串アヒージョ　蟹味噌ムース
・牛ロースとまぐろトロの串アヒージョ　炙り雲丹のせ
・牛フィレ肉の串アヒージョ　グレービーソース
・フルーツの串アヒージョ　アイス添え

> コースは
> 野菜串アヒージョ
> からスタート

アヒージョ専門店のこだわり事例店② 串アヒージョ専門 オリーブ

◉ 季節野菜の串アヒージョ

コースの最初の串アヒージョは、季節の野菜の串アヒージョにサラダを添えて。写真は、春の一例。アワビ茸、つぼみ菜、インカのめざめ、小ナスの串アヒージョ。バルサミコ酢のソースをかける。1本を2口ほどで食べられる大きさにし、ナスなどは切り込みを入れて食べやすくする。

| 2品目は スープ仕立て |

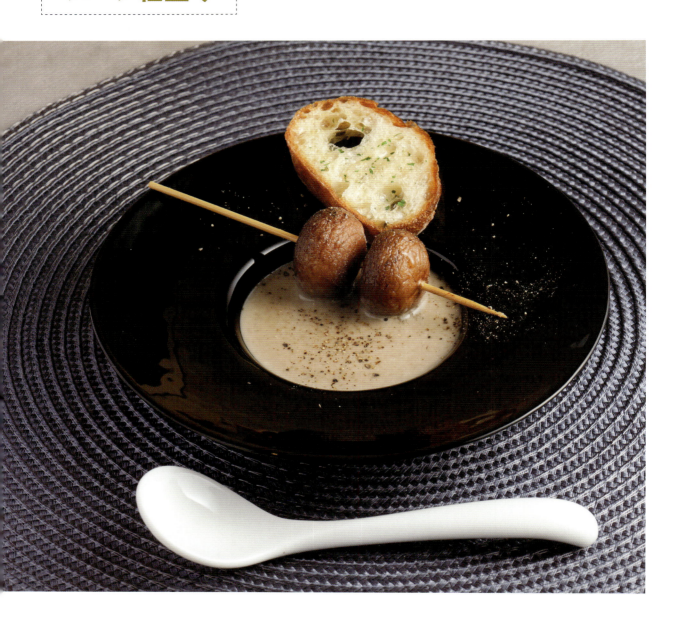

● マッシュルームの串アヒージョ　スープ仕立て

器を工夫することで、スープ仕立てのアヒージョも提供し、西洋料理のコースらしさを演出。マッシュルームを素揚げした串アヒージョを、マッシュルームのスープの上に盛り付け、バケットを添えて。スープにマッシュルームのアヒージョを浸して食べてもいいし、別々に食べてもいいし、いろいろな食べ方ができる。

> 和の
> テイストで
> あきさせない

アヒージョ専門店のこだわり事例店② 串アヒージョ専門 オリーブ

● ブリ大根の串アヒージョ 柚子胡椒あんかけ

和風の串アヒージョをコースの流れの中にはさむことで、コースの流れの中に変化も出す。大根は、おでんの大根をオリーブオイルで素揚げしたもの。その上にブリの串アヒージョをのせて、柚子胡椒あんかけを。芽ねぎと柚子皮も飾り、見た目にも和風な仕上がりに。

◉ カニ爪とホタテの串アヒージョ　蟹味噌ムース

ホタテ貝柱のオリーブオイルの素揚げの上に、カニ爪のオリーブオイル素揚げをのせた贅沢な組み合わせでひと皿に。粗挽き黒胡椒を振るとともに、蟹味噌のムースを添える。蟹味噌ムースだけでも味わえるし、ホタテやカニ爪にからめて食べてもよく、これも色々な食べ方ができる盛り合わせにした。

魚介串アヒージョをメインの1つに

アヒージョ専門店のこだわり事例店② 串アヒージョ専門 オリーブ

ご飯に
合う
串アヒージョも

◉ 牡蠣の串アヒージョ カレー仕立て

カキの串アヒージョは、春巻きの皮を揚げた器に盛り、カレーソースをかけて提供。春巻きの皮を揚げた器の下にはご飯を。カキの串アヒージョを味わった後は、春巻きの皮とご飯とカレーを混ぜて味わうことができる。

豪華な
串アヒージョを
メインに

◉ 牛ロースとまぐろトロの串アヒージョ 炙り雲丹のせ

牛ロースの串アヒージョの上に、マグロのトロを素揚げしたものをのせ、その上にウニをのせた、メインディッシュにふさわしい豪華な組み合わせ。ウニはバーナーで軽く炙って香ばしさもプラスして食欲をそそる仕上がりに。醤油ダレとウニソースの2種類を彩りよく合わせる。

● フルーツの串アヒージョ アイス添え

コースのしめくくりのデザートは果物を。そのデザートの果物もアヒージョの調理法で提供する。オリーブオイルで素揚げしたリンゴ、柿は、水分が飛んで甘みが増すとともに、食感も変わる。アイスクリームを添え、溶けたアイスクリームを果物の串アヒージョのソースとしても楽しんでもらう。

アヒージョ専門店のこだわり 事例店②　串アヒージョ専門 オリーブ

デザートも
アヒージョ
仕立て

[特別企画]

バレンシア産、オーガニック・カヴァとアヒージョ

EU域内で第三位のワイン生産量を誇るスペインで、新スタイルのカヴァが話題を集めている。カヴァの中でも5％以下しか生産されていない、希少なバレンシア産のカヴァの「BESO」だ。この「BESO」に合うアヒージョを、バレンシア料理が評判の東京・中野『イレーネ』に取材した。

　料理とワインは、その土地のもの同士の方が相性がいいと言われます。このカヴァは、バレンシア産という珍しい産地の、しかもオーガニック製品なので、それに合わせるアヒージョも、特にバレンシア地方でよく楽しまれているもののほうが相性はいいと考えました。

　地中海に面したバレンシア地方では、魚介の料理がよく食べられています。使われる魚介類は、バレンシア州の南隣のムルシア州にある、ヨーロッパ最大の海水湖、マール・メノール近くの漁港で揚がったものが、新鮮で質も高いと重宝がられています。それらの中でも私が美味しいと感じたのが、シラウオ（チャンケテ）です。

　フライパンに、オリーブオイル、にんにくと唐辛子を入れ、オイルが温まったらシラスを入れてゆっくりと火を通し、ビネガーで味を締めて、仕上げに刻んだパセリをちらします。私がこの料理を食べたのはレストランでしたから、カスエラではなく皿に盛り付けて供してくれました。

　トロピカルフルーツのような「BESO」のすっきりとした味わいは、シラスのあっさりとした海の香りを引き立て、また爽やかな酸味は舌のオイルを洗い流し、リフレッシュしてくれます。このアヒージョとカヴァで、バレンシアの風景を思い描きながら楽しんでいただきたいと思います。（『イレーネ』オーナーシェフ数井理央）

● シラウオのアヒージョ

にんにく唐辛子オイルでシラスを軽く煮て風味を出した、バレンシアで伝統的に楽しまれている料理。そのままではオイルでもったりとした重い味わいになってしまうので、ビネガーを少々加えて味を締める。シラス特有の淡白で、ふわっとした軽い食感も楽しめる。

❖材料❖

| シラス | にんにく | ビネガー |
| オリーブオイル | 唐辛子 | イタリアンパセリ |

● ベソ・オーガニック・ブリュット

EUオーガニック認証を受けているカヴァ。酸味は爽やかで、マンゴーやパイナップルのような南国の果実の風味の、バランスの取れた味わい。使用ブドウはマカベオ、シャルドネ。オーガニック製品として、ラズベリーやイチゴを思わせる味わいの「ベソ・オーガニック・ロゼ・ブリュット」もある。

参考小売価格　1,500円（税別）

● 東京・中野　スペイン郷土料理　イレーネ

家庭的な雰囲気の中、スペイン各地の本格料理を楽しませる店。オーナーシェフ数井理央さん夫人の実家のある、バレンシア地方ならではの家庭料理も隠れた人気メニュー。スペイン産ワインは、常時30種類以上を揃えている。

- 住所＝東京都中野区新井1-2-12　K'sポート1階
- 電話＝03-3388-6206
- 営業時間＝17時30分〜24時（ラスト入店21時30分。土曜日は12時〜15時〈ラスト入店13時30分〉も営業）
- 定休日＝月曜日、第2・3日曜日

お問い合わせ先：アサヒビールお客様相談室　0120-011-121

スペイン料理店系の
オリジナルアヒージョ

スペイン料理業態のさまざまな店が、話題を集めている。それらの多くでは、定番のアヒージョだけでなく、店独自のアヒージョを出してお客に喜ばれている。そこでこのページでは、バルやレストランなどスペイン料理店系の店が作る、オリジナルのアヒージョを紹介。

Ajillo

● ソフトシェルクラブのアヒージョ

大阪・福島 3BEBES（トレスベベス）

スペインに、シャコをにんにくで炒めて、仕上げにシェリー酒をかける料理がある。これをソフトシェルクラブにして、アヒージョとしてアレンジしたのがこの一品。なので、もちろん、シャコでも合う。ソフトシェルクラブでも、殻が香ばしく焼かれて食欲をそそる。アクセントにスペインのエスカリバーダ（焼ピーマンのオイル漬け）を細かく切ったものも加える。仕上げのシェリー酒には、長熟で複雑な味わいのオロロソRio Viejoをふりかける。

スペインのシャコ料理をアヒージョ版でアレンジ

❖ 材料 ❖
ソフトシェルクラブ
ピュアオリーブオイル
エスカリバーダ（焼ピーマンのオイル漬け）
にんにくみじん切り
タカノツメ
塩
シェリー酒

● サザエのアヒージョ

大阪・福島 3BEBES(トレスベベス)

サザエの殻をそのまま器にしてアヒージョに。旬のときにお店で提供している。見た目にアヒージョのイメージと異なるので、客席に運ぶと思わず歓声が起こるほど。肝も一緒に炊いている。大きいサイズのサザエのほうが作りやすいので、アヒージョ用には大きいサザエを選んでいる。これは、舞鶴産。サザエの塩気を生かして、塩は足さないで作っている。季節のメニュー。

❖材料❖
サザエ
ピュアオリーブオイル
にんにくみじん切り
タカノツメ
パセリ

野趣たっぷりの、アウトドア・スタイル！

オムレツの楽しみも付加した御馳走版

✧材料✧
ブラウンマッシュルーム
トリュフペースト
ピュアオリーブオイル
にんにくみじん切り
タカノツメ
塩
シェリー酒
溶き卵

● トリュフとブラウンマッシュルームのアヒージョ

大阪・福島　3BEBES（トレスベベス）

お店で提供するときには、卓上コンロにのせて提供する。トリュフの贅沢な香りに包まれたマッシュルームのアヒージョを味わってもらい、途中で溶き卵を流してスクランブルエッグ風に混ぜてもらう。トリュフ風味の油が卵と混ざり、また、卓上コンロで加熱されるのでオムレツ風に仕上がる。アヒージョとオムレツの、2度美味しい料理として評判がいい。不定期で提供。

❖材料❖
砂肝
ピュアオリーブオイル
にんにく粒
チョリソー
ニラ
一味唐辛子
ローリエ

「スタミナ」をテーマにした組み合わせ！

● 砂ずりのアヒージョ

大阪・福島 3BEBES（トレスベベス）

スペインに、チョリソーを炒めて、シェリー酒をかけて食べる料理がある。これと砂肝のアヒージョをドッキングさせた発想の一品。砂肝は1個を1/4にカットして2個使う。にんにくは、粒ごと炊いて、これも具として食べてもらう。仕上げ近くにはニラをのせて、香りを立たせながら提供する。にんにくとニラとローリエの香りで、スタミナ食を強烈にアピールする。

❖材料❖
生ハム
生ハムの脂身
ピクルス(なす、プチトマト、人参、ピーマン、レモン、青唐辛子)
ピュアオリーブオイル
にんにくみじん切り
塩

さっぱりと美味しい 温サラダ風の味わい

● 生ハムのみじん切りとピクルスのアヒージョ

大阪・福島 3BEBES（トレスベベス）

ピクルスをアヒージョにした、彩りも華やかな温サラダ風の品。ピクルスが熱い油の中で、独特のやわらかい酸味と、新しい食感を合わせた風味に変化する。コクをプラスするために、生ハムと生ハムの脂身のみじん切りを加えた。ピクルスは何でも合うので、季節の野菜のピクルスで作ると季節感もアピールできる。

殻の香ばしさ、食感も活かせる
ソフトシェルシュリンプを

❖材料❖
ソフトシェルシュリンプ
オリーブオイル
にんにく
唐辛子
タイム
アンチョビ

● エビのアヒージョ

東京・北千住 cocina&bal boquerona（ボケロナ）

オープン時から出している、人気のアヒージョ。定番のエビのアヒージョでは、むきエビを使うところだが、火を通しすぎると硬く小さくなってしまうことから、それを解消し、より美味しくしたいとソフトシェルシュリンプを使用。柔らかい殻は油で煮ることで、カリッとした食感になり、そのまま食べることもできる上、香りも溶け出てオイルが香ばしくなる。またエビ味噌からのうま味も加わり、オイルがより味わい深くなる。塩けはアンチョビで足し、魚介のアヒージョには、香辛料としてタイムの香りも添えている。価格：780円（税込）

イカの風味が溶け込んだオイルで、きゃべつを楽しませる一品

❖材料❖
イカゲソ
きゃべつ
にんにく
唐辛子
タイム
パプリカパウダー
アンチョビ

● イカゲソとキャベツのアヒージョ
東京・北千住 cocina&bal boquerona(ボケロナ)

イカを使っているが、実は組み合わせたきゃべつを楽しんでほしいと開発したアヒージョ。アンチョビはみじん切りとフィレの両方を使い、その塩けでイカを楽しませるとともに、にんにくオイルにイカのうま味とアンチョビの塩けを移す。イカを食べ進むうちにオイルの予熱できゃべつの水分が飛んでくたっとなるので、それからオイルをからめてきゃべつを食べてもらう。きゃべつは冬の高原きゃべつと春の春きゃべつでは水分量も柔らかさも異なるので、それを見越してオイルに入れるタイミングを変えるのが、このアヒージョのポイントだ。価格：740円（税込）

二枚貝のうま味を、パプリカの香りと唐辛子の辛みで味わう

❖材料❖
ムール貝
オリーブオイル
にんにく
唐辛子
タイム
パプリカパウダー
アンチョビ

● ムール貝のチリアヒージョ
東京・北千住 cocina&bal boquerona(ボケロナ)

スペインでは海岸線の都市を中心に貝をよく食べることから、同店ではムール貝やカキなどを使った「二枚貝のアヒージョ」を、1年を通して必ず構成するようにしており、その中の一品。ムール貝は大きめのものを使い、オイルの中で火が入りやすいよう軽く蒸して殻を開き、取り出した身を使う。貝類のうま味に負けないよう、パプリカパウダーで風味を足し、唐辛子を多めにして辛みも楽しめるようにした。貝にはすでに火が通っているので、にんにくと唐辛子を入れて熱したオイルに入れたら、温める程度で火から下ろす。価格：740円（税込）

● イワシのアヒージョ

大阪・京橋 SPAIN DINING NIÑO TRAVIESO KYOBASHI
(ニニョ トラヴィエソ)

青魚のイワシを使ったアヒージョ。スペインの味とスタイルを提案する同店では、下処理もスペインと同様にワタを取ってからひと口大にカットするのみ。青魚の血合いはクセがあるが、その香りも味わいのひとつとして、あえて残して調理する。また他の素材を加えず、イワシだけを用いてシンプルに調理する。これは素材＋にんにくこそがアヒージョの醍醐味であるという考えを大切にしているからでもある。価格：600円（税抜）

✧材料✧
イワシ
塩
ピュアオリーブオイル
にんにく
唐辛子

青魚は血合いも残し、本場らしい味わいに

国産和牛の
タンを、シンプルに

❖材料❖
牛タン
塩
ピュアオリーブオイル
にんにく
唐辛子
白ねぎ

● 牛たんのアヒージョ

大阪・京橋 SPAIN DINING NIÑO TRAVIESO KYOBASHI

上質の国産和牛のタンを主役にしたアヒージョ。皮を取った生の牛タンは、薄切りにスライスしてから食べやすいようひと口大にカット。味わいを引き出すため、油に入れる直前に塩のみをふって味つけし、固くならないように2種類を合わせたオイルにくぐらせるように火を通す。また牛タンとの食感のコントラストが映えるよう、ねぎは食感が残るように火を止める手前で投入。

コラーゲンたっぷりの食材を楽しむ

❖材料❖
牛アキレス腱
ズッキーニ
プチトマト（赤・黄）
ピュアオリーブオイル
にんにく
唐辛子

● 牛アキレスのアヒージョ

大阪・京橋 SPAIN DINING NIÑO TRAVIESO KYOBASHI
（ニニョ　トラヴィエソ）

一般に市場には出回らない牛アキレス腱を使って考案した一品。アキレス腱はそのまま3時間ほど下茹でし、柔らかくなったところで食べやすいサイズにカット。独特の食感を邪魔せぬように、火を通すと同じような食感になるズッキーニとプチトマトをセレクト。これはアキレス腱にあるたっぷりのコラーゲンで喜ぶ女性を意識して、華やかな彩りとなるように配慮したセレクトだ。

豆と貝の食感の差を魅力に

❖材料❖
ツブ貝
そら豆
ピュアオリーブオイル
にんにく

● ツブ貝とそら豆のアヒージョ

大阪・京橋 SPAIN DINING NIÑO TRAVIESO KYOBASHI
(ニニョ トラヴィエソ)

ツブ貝に旬の食材を掛けあわせてみようと考えた末、彩りと食感の良さからそら豆をセレクト。野菜も魚も皮と身の間が一番美味しいという考えから、そら豆の薄皮はそのまま。事前に茹でたりはせず、生のまま使用するのもポイントだ。皮がじんわりする程度に火を通すことで、そら豆のホクホク感を引き出し、それがコリコリ感のツブ貝との相性を高める。またそら豆の苦みも酒が進むアクセントになる。価格：800円（税抜）

Don Felipe Francisco
AJILLOを初めて食べた日本人は?

国宝・ユネスコ記憶遺産 支倉常長像
仙台市博物館所蔵

■ スペイン漂流船との接点

　アヒージョを食べた最初の日本人は誰だろうか。
　そんな思いつきから、まず、日本とスペインとの歴史的な関わりを調べてみた。
　日本とスペインが「交流」するのは、江戸幕府による鎖国政策が完成する60ほど年前になる。16世紀半ばよりフィリピンを拠点にし、アジアへの勢力拡大を進めていたスペインの動きが、16世紀後半頃、日本とスペインの交流の発端となる。
　1610年、メキシコに向かう途中のスペイン船が嵐で漂流し、房総半島の御宿(おんじゅく)(千葉県御宿町)に流れ着いた。この時、徳川家康は、温かく救いの手をさしのべている。船は破損がひどく、航海続行は不可能だった。そこで三浦按針(ウイリアム・アダムス)に命じて、大型の木造船を建造した。これが、日本で最初に作られた西洋式帆船と言われている。
　この対応にスペインはたいへん感謝し、翌年には、お礼のためにメキシコから使節が来日している。
　ただ、実際のところスペインには、別の隠れた思惑もあったようだ。
　当時、日本は「黄金の国、ジパング」と呼ばれていた。親書を家康に届けながら、ついでに(もしかしたら、お礼のほうがついでであったかも知れない)、日本の沖合にあると言われている伝説の金銀島を見つける任務も帯びていたようだ。スペイン使節はすぐには帰国せず、2年も居座り、その間、東北地方にも巡航している。
　そして、とうとう、金銀島は発見できず、現在の宮城県の石巻からメキシコに帰ることになる。1613年の10月のこと。

■ 遣欧使節団、メキシコに向かう

　その時、メキシコから来た使節が乗った船は、仙台藩主の伊達政宗が作ったものであった。
　政宗の命で海外に派遣された外交使節に同行して帰国したのである。その使節団の代表の一人が支倉常長(洗礼名ドン・フェリペ・フランシスコ)。伊達政宗は、大国スペインとの貿易をのぞんでいた徳川幕府の外交計画を引き継ぎ、外交使節を派遣したのである。
　こうして、伊達政宗の遣欧使節団は、1613年、

63

【宮城名物の油麸】………形状はもちろん、カットしたものも、バゲットそっくり。「たまたま似た」のだろうか。

メキシコに向かって就航する。総勢180名にものぼり、その大部分は商人であった。ほとんどがメキシコに居残り、支倉常長ら30名程度のメンバーが、その後、マドリッドに向かう。支倉らはスペイン国王に謁見後、続いてローマに行き、今度はローマ法王にも謁見。再びマドリッドを経てメキシコに戻り、フィリピンを経て仙台に戻った。仙台に戻ったのは1620年。実に7年にもわたる旅だった。

前置きが長くなったが、この航海の途中でマドリッドに寄航したとき、食事の場に「アヒージョ」が出たのではないか。17世紀にアヒージョという料理があったという確証はないが、オリーブオイルでエビやタコを煮るシンプルな料理なので、船の上でも食べたのではないかと想像できる。

残念なことに、支倉常長が帰国したときには、日本の状況は激変していた。キリスト教禁止は厳格になり、支倉常長が持ち帰ったものも没収され、海外で記した日記もあったとされるが、7年間の旅の痕跡は現在、国宝や世界遺産となっている慶長遣欧使節関係資料（仙台市博物館蔵）のほか、日本国内にはあまり残っていない。

支倉常長は、航海での話、メキシコでの話、スペインやローマでの話など、山ほど話したいことがあっただろうに、それらを口外することも厳禁された

64

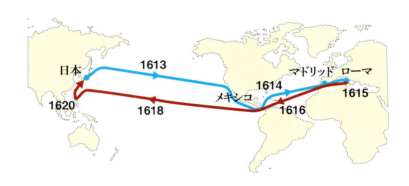

支倉常長は、7年間もスペイン人と一緒に航海をした。その間の食事で何を食べたのだろうか。

のではないだろうか。なお、スペインとの貿易は達成できなかった。失意のもと、帰国した翌年に常長はひっそりとこの世を去る。

スペイン料理は江戸時代の日本人の口にも合った?!

この支倉常長らかなる遣欧使節団の航海には、別の一面がある。それは、メキシコ移民。往路でメキシコで降りて、帰路の支倉常長らを待った使節団の一行のうち、大部分の者が、そのままメキシコにとどまった。待っている間にメキシコ女性と結婚したものもいたのではないか。メキシコ女性の情熱にほだされ、その女性が作る料理もおいしく感じたのだろう。いくら惚れても、食事が合わない国の人と結婚を決意するとは考えにくいが、いかがだろうか。

そうした食べ物の思い出も多かったはずだ。しかし、帰国してから、記憶・思い出については、何も語れなかった。

とはいえ、キリスト教が禁止されると、潜伏したキリシタンが宗教的な遺物などを残したとされるように、帰国した遣欧使節団のメンバーも、何か残したのではないか。

仙台の油麩の形は、そのなごり?!

支倉常長の遣欧使節団が仙台に残したものはないか。そんな視点で宮城県の名産品を見てみた。

断然、気になった食べ物がある。油麩だ。意識したことがなかったが、遣欧使節団を思い浮かべながら見ると、「これはバゲットではないか」と思えてくる。

中国から伝わった油麩は丸い形。日本各地に麩の特産品があるが、宮城県のだけ、フランスパンそっくりの形状だ。宮城県登米市に多い油麩のメーカーで、古いところは明治初めの創業。勝手な想像だが、バゲットの形にして隠れて味わっていた油麩が、明治維新とともに公に販売されるようになったのではとも考えたくなる。

船上でスペイン人たちと夜な夜なアヒージョを食べ、進められるままに、そのオイルに切ったバゲットを浸して食べた支倉常長一行。「ああ、あれが一番おいしかったね」と、帰国後、誰にも話せない代わりに、フランスパンの形の油麩を作っては、こっそり食べていたのでは……。あくまで想像ですが。

【参考文献】
メキシコ榎本殖民(上野久著　中公新書)
支倉常長(五野井史著　吉川弘文館)
支倉常長(大泉光一著　中公新書)
支倉常長遣欧使節　もうひとつの遺産(太田尚樹著　山川出版社)

洋風レストラン・ダイニングのオリジナルアヒージョ

スペイン料理店に限らず、ビストロやダイニングなど、ワインを出す店でも人気店ではアヒージョが人気メニューになっている。そうした店では、スペインのスタイルにはないユニークなアヒージョも多い。このページでは、スペイン料理系以外の洋風店に、その技法を活かしたアヒージョを取材した。

Ajillo

オイル煮の特性を活かし、ねぎの甘みを楽しませる一品に

● ポワローねぎとズワイ蟹のアヒージョ

東京・赤坂　ワインレストラン＆ワインバー　Celebourg（セレブール）

ポワローねぎは、甘みと、とろりとした食感が特徴のねぎ。素材をにんにくオイルの中でゆっくりと加熱するアヒージョは、このねぎの甘みを引き出すのに最適の技法と考え、主材料として使用した。オイルに刻んだにんにくを入れて香りを出した中に、2cm厚さほどの小口切りにしたポワローねぎとカニのほぐし身を入れ、軽く塩をして加熱。ねぎに軽く火を通してとろりとした食感に仕上げたら、仕上げに、カラフルなピンクペッパーをちらす。ピンクペッパーは香りが華やかで、カニとの相性も良く、ポワローねぎの甘さのアクセントにもなる。

❖ 材料 ❖
ピュアオリーブオイル
にんにく
ポワローねぎ
カニ身
塩
ピンクペッパー

高級エビで、見た目にも豪華さを演出

❖材料❖
ピュアオリーブオイル
にんにく
オマールエビ
季節の野菜（写真はスティックセニョールといんげん）
マイクロホワイトセロリ

● オマール海老・セニョールのアヒージョ

東京・赤坂　ワインレストラン&ワインバー　Celebourg（セレブール）

エビは、アヒージョの定番の具材の一つ。甲殻類がアヒージョに良く合うことから、フランス料理の食材として人気のオマールエビを具材にし、フランス料理らしさを感じさせた、見た目にも華やかなアヒージョ。オマールエビは下茹でして殻を外し、大きめにカットする。季節の野菜（写真はスティックセニョールといんげん）はにんにくオイルに入れて温め、オマールも加える。マイクロホワイトセロリをちらし、そのハーブ感で濃厚なエビのうま味を楽しませる。

トリュフとカキの贅沢な組み合わせ

❖材料❖
ピュアオリーブオイル
にんにく
カキ
生海苔
トリュフ
トリュフオイル
塩

● 牡蠣・生海苔・トリュフのアヒージョ

東京・赤坂　ワインレストラン＆ワインバー　Celebourg（セレブール）

フランス料理の代表的な食材の一つのトリュフを活かしたアヒージョ。さらに、トリュフに組み合わせる食材として、香りの相性の良い生海苔を、カキとともに使用。海の食材と山の食材を組み合わせた、香り高い一品。にんにくの香りを出したオイルの中に、軽く塩をしたカキを入れてじんわりと火を通したら、生海苔を加えて混ぜる。仕上げにトリュフオイルをたらし、トリュフを削りかける。トリュフオイルも加えることで、香りをより高めた。カキ、生海苔、トリュフの香りが混ざり合い、アンチョビのような香ばしい香りが漂う。

ブルゴーニュの郷土料理を、アヒージョに

● エスカルゴとキノコのアヒージョ
東京・赤坂 ワインレストラン&ワインバー Celebourg（セレブール）

日本では最も良く知られるブルゴーニュの郷土料理、エスカルゴ・ア・ラ・ブルギニョンを、アヒージョで表現。にんにくオイルにマッシュルームを入れて温め、火が入ったらエスカルゴとエスカルゴバターを落として香りを高めた。バターのミルキーな香りとパセリの香りで、アヒージョがフランス料理のテイストになった。仕上げに、塩けと香りをプラスする意味で、生ハムをのせた。

❖材料❖
ピュアオリーブオイル
にんにく
マッシュルーム
エスカルゴ
（下処理したもの）
エスカルゴバター
（バター、パセリ、
　にんにく、
　粒マスタード）
生ハム

● サーモンのアヒージョ、燻製したパプリカの香り

東京・赤坂 ワインレストラン＆ワインバー Celebourg（セレブール）

アヒージョの、オイルをどう美味しく食べるかという視点から考案。スパイス＆ハーブ検定1級のシェフが、個性的なスパイスをきかせたいと考え、カツオ節の香りにも似た燻製パプリカパウダーで個性的な風味に仕上げた。燻製香はオイルに移りやすく、にんにくオイルが不思議な和の印象になる。主材料は、フランス料理でよく使われるサーモン。早く火が通ってしまわないよう大きめにカットし、オイルに入れて周りに火が入り始めたら、燻製パプリカパウダーをふりかける。テーブルではサーモンをほぐして崩し、燻製香が移ったオイルと混ぜ合わせて食べてもらう。

オイルを、より美味しく楽しませるひと工夫

❖材料❖
ピュアオリーブオイル
にんにく
サーモントラウト
スティックセニョール
燻製パプリカパウダー

従来のイメージを覆す、豪華食材のアヒージョ

❖材料❖
ピュアオリーブオイル
にんにく
フォアグラ
小麦粉
インカのめざめ
フルール・ド・セル

● フォアグラとインカのめざめのアヒージョ
東京・赤坂 ワインレストラン＆ワインバー Celebourg（セレブール）

フランス料理の高級食材であるフォアグラを使った、従来のアヒージョのイメージを超える贅沢料理。じゃが芋を合わせたのは、フォアグラから出る脂を吸って、より味良くなることから。またフォアグラは甘みとの相性が良いので、じゃが芋は甘みの強いインカのめざめを使用した。にんにくオイルが温まったら、下茹でして皮をむいたじゃが芋を入れて温め、その上に小麦粉をふって別にポワレしたフォアグラをのせ、フルール・ド・セルをふる。オイルの中で温まったフォアグラは器の中でカットし、じゃが芋と混ぜ合わせて食べる。

● タンドリーチキンのアヒージョ

東京・赤坂 赤坂あじる亭 Annesso

インド料理感覚の、スパイシーな風味を加えたアヒージョ。ガラム・マサラは油に直接加えると焦げやすいため、肉のマリネで使用することで、煮てもあまり焦げないようにした。鶏肉からうま味が出て、ガラム・マサラのスパイシーさが和らぐ。さらに、鶏肉に合うシナモンスティックやローリエも加えることで、複雑な味わいに仕上げた。

スパイシーな香りが食欲を誘う

❖材料❖
骨つき鶏肉
ガラム・マサラ
チリパウダー
塩
E.X.V.オリーブオイル
ピュアオリーブオイル
にんにく
ローリエ
シナモンスティック

❖材料❖
にんにく
塩
ベーコン(8mm角カット)
ベーコン脂
ピュアオリーブオイル
黒胡椒(八割挽き)
グリーンペッパー(ホール)
ピンクペッパー(ホール)

アヒージョが「にんにく」に由来する料理ということから、にんにく風味だけでなく、にんにくそのものを主役に楽しませる一品を考案。芋のようなホクホク感も楽しめる。にんにくは生のまま油に入れても良いが、塩味が入りにくいので、塩水で半茹でにしてから油に入れる。油面に浮かんだピンクペッパーや、底に沈んだ胡椒のパリパリとした食感もアクセントとして楽しめる。

● にんにくと胡椒のアヒージョ
東京・赤坂 赤坂あじる亭 Annesso

❖材料❖
砂肝コンフィ（砂肝、塩、ガーリックパウダー、白胡椒パウダー、オリーブオイル、サラダ油、ローズマリー、タイム）
ピュアオリーブオイル
にんにく
クミン
ケイジャンスパイス
パセリ
ピマンデスプレッド

定番の砂肝を使い、個性的に

● 砂肝のアヒージョ

東京・赤坂　赤坂あじる亭 Annesso

日本でアヒージョによく使われる砂肝は、スパイス類と相性がいい素材。そこで中国の屋台で見かける、クミンの香りを利かせた「羊肉串（ヤンローチャ）」をイメージし、羊肉に代えて砂肝を使ってコンフィにした。ケイジャンパウダーを使い、仕上げに、クミンとバスク地方の唐辛子で、辛みが少なく香りが強い「ピマンデスプレッド」をふる。爽やかな香りも特徴。

❖材料❖
ムール貝（生で1個30g
　サイズ）
ピュアオリーブオイル
にんにく
玉ねぎ（みじん切り）
アンチョビ
カレーパウダー

● ムール貝のアヒージョ

東京・赤坂　赤坂あじる亭 Annesso

うま味の豊富な貝類は、油も楽しむアヒージョには使いやすい素材。貝類でアヒージョをと考えたとき、ムール貝にカレーを合わせるフランス・ブルターニュの地方料理からヒントを得て考案したアヒージョ。ムール貝は、玉ねぎとともににんにくオイルで火を入れて甘みを引き出し、仕上げにカレー粉をふって香りを立たせる。

フランス郷土料理をアヒージョに

● ソーセージのアヒージョ

東京・赤坂 赤坂あじる亭 Annesso

カスエラで作る、スペイン料理のチョリソーと豆の煮込みにも似たアヒージョ。ソーセージはここでは自家製のものを使ったが、どのようなものでも使え、種類によって味わいを変えることができる。香味野菜とともににんにくオイルに加えて火を入れ、仕上げにはピメントン（スペイン産燻製パプリカのパウダー）をふってスペインのテイストを出した。

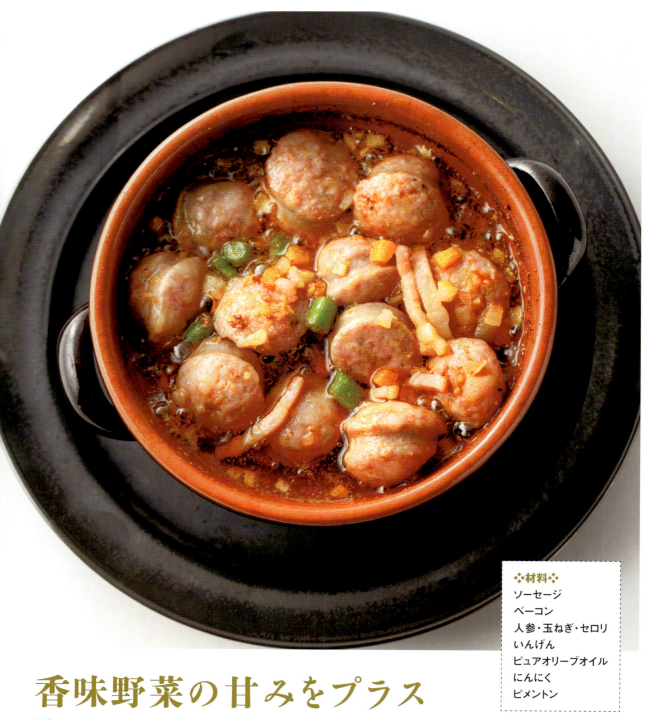

香味野菜の甘みをプラス

❖材料❖
ソーセージ
ベーコン
人参・玉ねぎ・セロリ
いんげん
ピュアオリーブオイル
にんにく
ピメントン

❖材料❖
ヤングコーン
生ハム(スライス)
ピュアオリーブオイル
にんにく
キャラウェイシード

● ヤングコーンと生ハムのアヒージョ

東京・赤坂　赤坂あじる亭 Annesso

梅雨の時期から初夏にかけて旬を迎えるヤングコーンを使ったアヒージョ。これに組み合わせるスパイスとして使ったのが、キャラウェイシードだ。日本では単独で使われることは少ないが、海外では口直しとしても使われ、爽やかでほんのりと甘い香りが、アクセントになる。塩けとしては、ヤングコーンの甘さと相性の良い生ハムを使用した。

キャラウェイシードの風味がアクセント

● トムヤムクンアヒージョ

東京・赤坂 赤坂あじる亭 Annesso

東南アジアでよく使われる、レモングラスの香りから発想。アヒージョは味わいを締めるため仕上げに酸味を足すことが多いが、ここでは酸味ではなくハーブのレモングラスの爽やかな香りを活かし、トムヤムクンのアヒージョを考案した。具材としては、うま味の出るエビ、プチトマト、ブラウンマッシュルームを組み合わせ、風味づけとしてレモングラスを使ったトムヤムクンペースト、パクチーなどを加える。

仕上げの酸味を、レモングラスで

❖材料❖
無頭エビ
ブラウンマッシュルーム
プチトマト
ピュアオリーブオイル
にんにく
アンチョビ
トムヤムクンペースト
パクチー

● 薬膳アヒージョ

東京・赤坂 **赤坂あじる亭 Annesso**

中国や東南アジアで見られる火鍋にヒントを得て作った、ヘルシー感の高い薬膳アヒージョ。アヒージョ定番のにんにく、唐辛子に加え、生姜、花山椒、バイマックル（こぶみかんの葉）、スターアニスでエキゾチックな香りを出した。具材には、ソフトシェルクラブとむきエビを使用。香味野菜として長ねぎの青い部分も使う。

「火鍋」感覚のヘルシーアヒージョ

❖材料❖
ソフトシェルクラブ
むきエビ
長ねぎの青い部分
ピュアオリーブオイル
にんにく
生ハム
生姜
花山椒
唐辛子
バイマックル
スターアニス

● マスのミ・キュイのアヒージョ

神奈川・横浜 フレンチバル レ・サンス

フランス料理の技法を取り入れてアレンジした、フレンチテイストのアヒージョ。ミ・キュイとは、ほどよく火が通った半生を意味するフランス料理用語で、新鮮な魚介に半分火を入れて味を凝縮させ、生の食感も楽しませる技法。マスはあらかじめ、塩、胡椒と砂糖を合わせたものをたっぷりふって3〜4時間マリネする。余分な水分が出たマスは表面を洗い、水けを拭き取って、温めたにんにくオイルにディルとともに入れる。火が少し通ったら、提供する。ベースのにんにくオイルは、ピーナッツオイルに皮付きのままのフランス産にんにくを入れ、低温でゆっくりと加熱し、火が入ったらそのまま自然に冷ましたもの。

フレンチの技法で、マスの持ち味を凝縮させた

❖材料❖
- マスのフィレ
- 塩
- 胡椒
- 砂糖
- にんにくオイル
- ディル

エスカルゴに下味を施し、フレンチテイストをひとひねり

❖材料❖
にんにくオイル
エスカルゴ
ポルト酒
赤ワイン
玉ねぎ
セロリ
人参
パセリ
クルトン

● エスカルゴのアヒージョ

神奈川・横浜 フレンチバル レ・サンス

ブルゴーニュを代表する食材のエスカルゴで、アヒージョにフレンチバルでも違和感のないイメージを表現。エスカルゴの味わいは淡白なので、新鮮なものを掃除をした後、ポルト酒と赤ワインで下茹でして味を入れておく。香味野菜をにんにくオイルでソテーし、しんなりしたところでエスカルゴとともにたっぷりのにんにくオイルに入れて温めることで、野菜の甘みも引き出した。仕上げに相性の良いパセリをみじん切りにしてふり、クルトンを添える。

❖材料❖
にんにくオイル
カエルのモモ肉
塩
小麦粉
パセリ

● グルヌイユのアヒージョ

神奈川・横浜 フレンチバル レ・サンス

グルヌイユとは食用カエルのことで、フランス料理では春に食される伝統食材の一つ。鶏ササ身にも似た淡白で繊細な味わいが特徴だ。そのカエルモモ肉を使ったアヒージョ。そのままオイル煮にしてはパサつき感が出るので、あらかじめ粉をつけてにんにくオイルで表面をきつね色にソテーする。それをあたためたにんにくオイルに入れ、低温でゆっくりと火を入れる。素揚げしたパセリを添える。

春のフレンチ食材を、アヒージョに

> ❖材料❖
> 牛レバー
> 牛乳
> 牛胃袋
> 牛ミノ
> 牛小腸
> にんにくオイル
> バルサミコ酢
> パセリ

● 牛モツのアヒージョ

神奈川・横浜 フレンチバル レ・サンス

4種類の牛モツを、それぞれに下処理してアヒージョにした。牛レバーは、食べ良い大きさにカットして牛乳に入れ、マリネしておく。牛胃袋は、開いてよく洗い、水から茹でこぼす作業を3回ほど繰り返し、臭みを除いて食べ良い大きさにカットしておく。ミノは、流水でよく洗い、水から茹でこぼして臭みを取り除いて食べ良い大きさにカットしておく。牛小腸はよく洗って食べ良い大きさにカットしておく。温めたにんにくオイルに牛内臓類を入れ、火が通ったらバルサミコ酢を入れ、刻んだパセリをふる。

4種の牛モツで、味・食感に変化を

● ブイヤベースのアヒージョ

神奈川・横浜 フレンチバル レ・サンス

南フランスを代表する魚介料理をベースに、アヒージョに仕立てた豪華な一品。煮込みではなくオイル煮にするので、火の通りにくいムール貝は前もって白ワイン蒸しにし、それ以外の魚介はにんにくオイルで火を入れる。魚介が半生に温まったら、ムール貝とカットした野菜類を入れ、アンチョビを加えて塩けを足し、パプリカパウダーで香りを、サフランで黄金色に仕上げる。オイルは具材からのうま味と香辛料で複雑な味わいに仕上がっており、バゲットを浸して楽しむことができる。

南仏魚介料理をベースにした、具だくさんアヒージョ

❖材料❖

にんにくオイル	ブロッコリー	白ワイン
タラ切り身	大根	塩
エビ	紅芯大根	アンチョビ
ホタテ貝柱	蕪	サフラン
ムール貝	ミニトマト	パプリカパウダー
人参	ほうれん草	バゲット

牛タン下の部位の、
コリコリの食感を楽しませる

❖材料❖
オリーブオイル
にんにく
タカノツメ
牛タンサガリ
ブロッコリー
塩
バジル

● 牛タンサガリのアヒージョ
東京・神谷町　肉バル×アヒージョ　Trim神谷町店

肉バルらしい、牛肉を素材にした一品。牛タンの下部に位置し、タン下とも呼ばれる肉を使ったアヒージョ。4店を展開する同店では肉の下ごしらえは各店舗で行っており、タンの下処理の際に出るこの部位は、肉そのものの味わいは良いが筋ばっていてステーキでは出しにくい肉だったので、アヒージョに活用した。筋があまり気にならないよう小さめにカットし、にんにくオイルで火を通す。独特のコリコリとした食感が楽しめる。定価：680円（税別）

◉ ツブ貝のアヒージョ

東京・神谷町　肉バル×アヒージョ　Trim神谷町店

定番のエビやタコのアヒージョ以外にも用意した、魚介のアヒージョの一品。ツブ貝は、ボイルして肝、内臓などを掃除し、食べやすい大きさにカットしたものを使用。魚介を使ったアヒージョは、風味以外にも食材独自のフレッシュな食感が残ることも重視しており、食べている間にオイルの中で火が入り過ぎないように配慮。特にツブ貝はコリコリとした食感が魅力なので、オイルに入れるタイミングには注意している。にんにくオイルの中でブロッコリーに火を入れたら、ツブ貝は仕上げ段階で加え、オイルをからめてさっと温める感覚で熱を入れ、硬くならないようにする。定価：680円（税別）

調理のタイミングを重視。 貝のコリコリとした食感で楽しませる

アヒージョ〆パスタ　生ハム&パスタ

アヒージョ注文のお客のために用意している食事メニュー。アヒージョを食べ終わった鍋に残るオイルを活用し、パスタをからめて提供するというもの。同じ価格で、塩けとして生ハムかアンチョビのどちらかを選べるようにしている。アヒージョを注文した人のほとんどが注文する人気ぶりだ。シンプルなオイルソースなので、もちもちとした食感と小麦の香りを活かしたいと、生パスタを使用。茹でたてをオイルにからめるようにしている。価格：480円（税別）

❖材料❖
オリーブオイル
にんにく
タカノツメ
ツブ貝
ブロッコリー
塩
バジル

● 豚トロのアヒージョ

東京・神谷町　肉バル×アヒージョ　Trim神谷町店

豚ホホから首の辺りにかけての、脂の多い部位の豚トロを、アヒージョの具材として使用。にんにくオイルで熱せられることで豚の脂肪分が溶け出て、オイル自体も風味豊かでうま味の濃い味わいになる。また、オイルの中で肉を煮ることで、肉の表面がカリッと仕上がり、食感も楽しめるようになる。同店で人気のスパークリングワインを合わせると、脂分が洗い流され、最後まで飽きが来ずに楽しめると評判だ。定価：680円（税別）

オイル煮にすることで、うま味と食感も楽しませる

❖材料❖
オリーブオイル
にんにく
タカノツメ
豚トロ
ブロッコリー
塩
バジル

油と相性の良いなすを、ヘルシーに調理

> ❖材料❖
> オリーブオイル
> にんにく
> タカノツメ
> 長なす
> ブロッコリー
> 塩
> バジル

● ナスのアヒージョ

東京・神谷町　肉バル×アヒージョ　Trim神谷町店

油との相性が良いなすを主役にした、女性に人気のアヒージョ。なすは通年で安定して使える長なすを選択。ワインのつまみとして食べやすいよう、やや小さめの乱切りにカットして使用する。にんにくオイルに先にブロッコリーを入れて火を通し、なすは途中から加えてさっと火を通す。なすは油を吸いやすく、長く炒めると重い味になってしまうため、油を吸い切ってしまう前に、軽く火を通す感覚で仕上げるようにしている。定価：680円（税別）

旬の食材同士を組み合わせた、春のアヒージョ

❖材料❖
シラス
ヤングコーン
オリーブオイル
にんにく
ドライトマト
塩
パセリ

● シラスとヤングコーンのアヒージョ
東京・吉祥寺 NERORI(ネロリ)

「香りを楽しむ」「ささやかなお洒落と楽しみ」をコンセプトにした同店。イタリア料理をベースにしながらも、ジャンルを問わずお洒落で香りを楽しめるメニューを提供する。アヒージョも、その一環で取り入れた料理だ。このアヒージョは、春の食材同士を組み合わせた一品。オイルでにんにくを熱して香りを出し、そこにシラスとヤングコーンを加えて塩をし、さらに彩りと塩けを補うためにドライトマトを加えた。素材ににんにくの風味がよくからみ、にんにくも焦げないようにするため、調理はフライパンで行ってから盛り付ける。仕上げにパセリのみじん切りをちらす。定価：820円（税別）

● 雲丹とカリフラワーでアヒージョ

東京・吉祥寺 NERORI(ネロリ)

冬に美味しさが高まるカリフラワーを使ったアヒージョ。オイルににんにくを入れて熱し、香りが出たら、下茹でしたカリフラワーを加え、軽く塩をしてオイルをからめながら温める。ウニは生の味わいを活かしたいので、器にカリフラワーを盛ってから、その上にのせるようにした。カリフラワーのほっこりとした食感に加え、ウニが適度に熱せられて濃厚な味わいが楽しめる。パンは別売りで、ライ麦パン200円か、フォカッチャ250円のどちらかから選べる。定価：1250円（税別）

❖材料❖
ウニ
カリフラワー
オリーブオイル
にんにく
塩
パセリ

カリフラワーの食感も楽しい、冬のアヒージョ

● 黒尊川のこんにゃくと黒瀬町小エビのアヒージョ

東京・西新宿 幡多バル 東京西新宿店

高知の食材をテーマにしたバルとして、アヒージョにも産直の食材を多用した、個性的なメニューを揃える。このアヒージョは、四万十川の支流である黒尊川で手作りで製造される糸こんにゃくを使用。食べやすいよう、こんにゃくはひと口大にカットする。アクや臭みがないため、生の状態でオイルに入れ、表面を軽く揚げ固めることでコリっとした歯応えを楽しませる。高知・黒潮町で獲れる天然の殻付きエビから出るうま味も、オイルを最後まで楽しませる工夫のひとつだ。価格：780円（税別）

❖材料❖

- にんにくオイル（にんにくオイル漬けと、にんにくを炊いたもの2種類をブレンド）
- キビナゴのアンチョビ
- 白ワイン
- 塩
- 糸こんにゃく
- 小エビ
- ローズマリー
- セージ
- パプリカパウダー（辛口と甘口の2種類をブレンド）
- 乾燥パセリ

糸こんにゃくの食感がユニークなアヒージョ

地元特産の銘柄鶏を、アヒージョの具材に

> ❖材料❖
> にんにくオイル（にんにくオイル漬けと、にんにくを炊いたもの2種類をブレンド）
> キビナゴのアンチョビ
> 白ワイン
> 塩
> 四万十鶏モモ肉
> パプリカ
> ローズマリー
> セージ
> パプリカパウダー（辛口と甘口の2種類をブレンド）
> 乾燥パセリ

● 四万十鶏とパプリカのアヒージョ
東京・西新宿　幡多バル　東京西新宿店

高知の銘柄鶏・四万十鶏のモモ肉を100g用いる。鶏肉とパプリカは、にんにくを漬け込んだオイルで炒めることで香ばしさをプラスし、鶏肉の表面を焼き固めることでうま味を閉じ込める。炒めた具材は白ワイン、キビナゴのアンチョビを加えたにんにくオイルに入れ、再度火を入れる。にんにくオイルにはにんにくを漬け込んだものと、香ばしい香りを表現するにんにくを炊いたオイルの2種類を合わせる。価格：780円（税別）

にんにくも、アンチョビも。産直素材で作る「高知アヒージョ」

❖材料❖
- にんにくオイル(にんにくオイル漬けと、にんにくを炊いたもの2種類をブレンド)
- キビナゴのアンチョビ
- 白ワイン
- 塩
- 四万十ポークのソーセージ
- 土佐にんにく
- ししとう
- ローズマリー
- セージ
- パプリカパウダー(辛口と甘口の2種類をブレンド)
- 乾燥パセリ

● 四万十ポークのソーセージと土佐ニンニクのアヒージョ

東京・西新宿 幡多バル 東京西新宿店

高知・四万十町で肥育される豚肉の四万十ポークを使ったソーセージは、土佐清水市の精肉店から仕入れる。ごろっとした食感を残すよう大きめにカットし、前もって表面をこんがりと焼いてから、オイルの中に入れて加熱する。高知県産のにんにくは一度レンジで加熱することで、ふっくらとした食感に仕上げると同時に、オイルで加熱する時間の短縮にもつながっている。価格：780円（税別）

● 燻製ミンチと土佐佐賀しめじのアヒージョ

東京・西新宿 幡多バル 東京西新宿店

豚挽き肉は、にんにくオイルで炒めて皿に入れ、その皿ごと藁焼きで薫香をつける。高知名物のカツオの藁焼きの手法を活かし、土地の色を表現した。オイルベースに使用するキビナゴのアンチョビも、黒潮町の特産品。身が小さい分、濃厚な味わいが特徴だ。仕上げにかけるパプリカパウダーはアクセントとなる辛口と、カツオ節に近いコクのある香りを持つ甘口の2種類をブレンドする。価格：780円（税別）

地元・土佐ならでは。藁焼きの技法を活かし、燻香も楽しませる

❖ 材料 ❖

にんにくオイル（にんにくオイル漬けと、にんにくを炊いたもの2種類をブレンド）
キビナゴのアンチョビ
白ワイン
塩
豚挽き肉
土佐佐賀しめじ
トマト
ローズマリー
セージ
パプリカパウダー（辛口と甘口の2種類をブレンド）
乾燥パセリ

● 砂肝のスモーク、ザーサイ、レタスのアヒージョ

東京・中目黒 NYU

和のアヒージョ素材で見られる砂肝だが、より個性を高めるために桜のチップで燻製にかけた試作メニュー。さらに、中華食材であるザーサイを組み合わせることで、オリジナル性も出した。ザーサイ特有の熟成した塩けが、淡白な砂肝の持ち味を引き立てる。ともに色合いに欠ける素材なので、色合いとしてレタスも加えている。

❖材料❖
砂肝
ザーサイ
レタス
にんにく
オリーブオイル

燻香と、熟成塩分が美味い

イカワタの風味に、酒が進む

❖材料❖
スルメイカ
菜の花
ミニトマト
にんにく
タカノツメ
オリーブオイル

● スルメイカと菜の花のイカワタを使ったアヒージョ

東京・中目黒 NYU

秋から冬にかけて肝が大きくなる、スルメイカを使って試作したアヒージョ。身も肝も使い、酒の肴として人気の「イカの肝焼き」のような濃厚な味わいに仕上げた。にんにくの風味、唐辛子の刺激と相まって、酒が進むメニューになった。野菜は季節のものを使い、冬には春菊などを使うとよい。

和風レストラン・
日本料理店の
オリジナルアヒージョ

和バル、居酒屋などにも、今日ではアヒージョは浸透し始めている。
そこには日本酒に合う発想のアヒージョや、日本料理独自の考え方
による具材の使い方など、「和」ならではのアヒージョが見られる。そ
れらの斬新な料理を紹介。ウナギ料理の店や、本格日本料理店の
シェフにも取材

Ajillo

❖材料❖
白菜
にんにく
オリーブオイル
アンチョビペースト

● アンチョビ白菜

大阪・難波 Hanchika

アヒージョの概念をいい意味でくつがえす、にんにくオイルに具は白菜×アンチョビという組み合わせ。白菜とアンチョビペーストを炒めたシンプルな一品だが、白菜の葉の部分は生のまま、茎の部分は一度湯通ししてから使うというひと手間が、素材の持ち味をよりいっそう引き立てる。300円という価格も、お手軽で人気。価格：300円（税込）

葉と茎で下処理を変えた、白菜が美味

◉ えびとイカと季節野菜のアヒージョ

大阪・難波 Hanchika

アヒージョの海鮮具材としては定番のエビに、イカを足して食感の違いを楽しませ、さらに季節野菜として、写真ではポロねぎやにんにくの芽と一緒に調理。彩りに加えて、魚介だけでなく野菜の甘みも楽しませる。またハーブのタイムも加え、香りを個性的に仕上げている。価格：980円（税込）

魚介と野菜、
それぞれの食感も楽しめる

❖材料❖
ブラックタイガー
イカ
オリーブオイル
にんにく
ポロねぎ
にんにくの芽
タイム
あさつき

● 鰻かぶとアヒージョ

東京・大塚 大塚 うな串 焼鳥 う福

お重や丼など食事のイメージが強いウナギを、串焼きにして提供。酒とともに楽しませる大衆店としてオープンした同店。バル世代にもウナギを酒の肴として楽しんでもらうためにと、アヒージョに仕立てた。ウナギの頭のうち、口などの硬い部分を切り取った「かぶと」は、ウナギの部位でも普段食べる機会が少ないので、酒の肴として認知してもらいたいとアヒージョの素材に採用したもの。親しみやすさを出すため、白だしで和の印象に仕上げた。またにんにくに加え、臭み消しのために生姜も足す。定価：690円（税別）

❖材料❖
ウナギカブト
オリーブオイル
ホールにんにく
生姜、白だし
ねぎ

希少なウナギ部位を、バルの酒の肴に

玉子とじで楽しませる、和のアヒージョ

❖材料❖
カキ
オリーブオイル
ホールにんにく
白だし
卵
ねぎ

● 牡蠣玉アヒージョ

東京・大塚　大塚 うな串 焼鳥 う福

同店のテーマである「滋養強壮」を表現できるアヒージョとして、提供しているメニュー。カキのアヒージョは他でも見られるので、それに卵も加えることで店のオリジナル性を出した。にんにくを入れたオイルにカキを入れて温め、オイルが熱くなってきたら白だしを入れた溶き卵を加えて、半熟の玉子とじのようなスタイルに仕上げる。バゲットは添えるが、そのままでも楽しめるよう、やや濃い目の味わいに調整している。定価：690円（税別）

❖材料❖
にんにく
アンチョビペースト
ピュアオリーブオイル
オクラ
プチトマト
パプリカ
じゃが芋
ブロッコリー
カリフラワー
松の実
バジル
グラナパダーノ
塩
黒胡椒
E.X.V.オリーブオイル

体にやさしいヘルシーアヒージョ

● 野菜のアヒージョ
千葉・市原 炭焼隠家だいにんく いぶしぎん

和食材を中心にした創作料理や、炭焼き、燻製料理を売り物にする同店が試作したアヒージョ。あえて野菜のみを入れ、ヘルシーさを強調した一品で、野菜はオクラ、トマト、パプリカ、じゃが芋、ブロッコリー、カリフラワーなど。寒い季節でも無理なく野菜がとれる温かいサラダのイメージとして考案した。8〜9種類の野菜を入れ、季節の野菜を使うことで旬を感じさせることもできる。松の実、バジル、グラナパダーノ、E.X.V.オリーブオイルなどでペーストを作り、仕上げにかけてコクを出す。

● セセリとモッツァレラチーズの
　アヒージョ トマト風味

千葉・市原　炭焼隠家だいにんく いぶしぎん

スペインの料理アヒージョを、イタリアンテイストで創作した一品。炙って香はしさを出した鶏セセリ肉に、野菜として加えるのはセミドライトマト。干したトマト独特のうま味と塩けを足し、隠し味にトマトソースも使用。仕上げにトマトと相性の良いモッツァレラチーズをのせて、コクもクラスする。油に溶け込んだうま味も楽しめるパンも添えている。

トマトで、
イタリアンテイストに

❖材料❖
鶏セセリ肉
セミドライトマト
にんにく
アンチョビペースト
ピュアオリーブオイル
トマトソース
モッツァレラチーズ

● ねぎ間のアヒージョ

東京・神保町　日本酒バル　神保町　青二才

日本酒を主体としたバルとしてアヒージョも日本酒に合うように作っている。これは、マグロのコンフィをヒントに、和食の「ねぎ間鍋」の材料の組み合わせて構成した。ねぎは焼いて加え、油に香りが移るまで加熱してからマグロを加える。マグロの中がレアな状態で提供し、「お早めにお召し上がりください」と、ひと言添えている。マグロのうま味を補うために、他のアヒージョに比べるとアンチョビは若干、多く加えるのもポイントだ。「本日のアヒージョ」として日替りで出すメニューの1つ。

❖材料❖
材料
マグロ赤身
焼ねぎ
ピュアオリーブオイル
E.X.V.オリーブオイル
にんにく
アンチョビ
しょっつる
塩

ねぎは香ばしく、マグロは半生で

日本酒との相性を、酸味の工夫で高める

❖材料❖
イイダコ
トマト
あおさ海苔
ピュアオリーブオイル
E.X.V.オリーブオイル
にんにく
アンチョビ
しょっつる
塩

● イイダコ、トマト、青さ海苔のしょっつるアヒージョ

東京・神保町 日本酒バル 神保町 青二

あおさ海苔を加えて、その磯の香りでシーフードのアヒージョの魅力を強調した。アヒージョは、熱した油に加える素材のうま味を重ねていくイメージがあるが、このアヒージョは、生のトマトを加え、その酸味で全体の風味を引き締めるようにした。繊細な日本酒の味わいとの相性のいいアヒージョにするためだ。「本日のアヒージョ」として日替りで出すメニューの1つ。

109

● サバの干物と塩レモン、鬼おろしアヒージョ

東京・神保町 **日本酒バル 神保町 青二**

焼いたサバの干物をアヒージョに。塩をふったレモンスライスも一緒に熱して、爽やかな風味と酸味をプラスした。サバの上に塩レモンをのせて食べてもらう。サバの干物によく合う大根おろしもたっぷりと添えた。大根おろしは、鬼おろしにし、シャリシャリの食感を残すとともに、油となじみやすくして、サバの上にのせて食べやすくもした。「本日のアヒージョ」として日替りで出すメニューの1つ。

大根おろしの食感も おいしさのポイント

❖材料❖
サバの干物
塩レモン
大根おろし
ピュアオリーブオイル
E.X.V.オリーブオイル
にんにく
アンチョビ
しょっつる

日本酒に合うアヒージョとは。

Ajillo vs Sake

日本の伝統発酵食品である「しょっつる」で、日本酒に合うバルメニューは造れないかと考えたのが、『青二才』がアヒージョを出すきっかけだった。しょっつるに類似する発酵食材はアンチョビ。そのアンチョビを使う料理の延長線上に、アヒージョがあった。この発想で、しょっつるを使ったアヒージョを「本日のアヒージョ」として日替わりで、季節感を出しながら『青二才』では提供している。

しょっつるは、アンチョビほど強い個性味はなく、それ自体の匂いは強いけれど、調味料として使うと主張はしないで、うま味をかもし出してくれるので、全てのアヒージョのベースに使っている。

ただ、純米、吟醸、本醸造といった日本酒の精細な味わいを楽しみながら食べてもらうアヒージョになるよう、工夫をしている。

日本酒の香りを邪魔しないように、E.X.V.オリーブオイルは少しだけブレンドし、ピュアオリーブオイル主体の油で作る。同様の理由で、にんにくも少なめに合わせる。そして、味の主張が強いアンチョビも少なめに。

また、最近の日本酒の蔵元の傾向として、「酸」を大事に考えて日本酒づくりをするところが目立つという。「酸」とは、すっぱさではなく、爽やかさであったり、すっきり感であったり、味を引き締める味わいであったり。そうした「酸」があると、料理をよりおいしく感じさせる働きもする。

アヒージョは油で煮て、その油の中に合わせる具材のうま味を重ねていく料理ではあるが、日本酒にも合う料理にするために、この「酸」を加えて全体の味を引き締める工夫をすることもある。110ページの塩レモンや、109ページのトマトを合わせるアヒージョはその例だ。

和食と日本酒がよく合うのは当然なので、もともとある和食の料理の具材の組み合わせでアヒージョを表現するのも、日本酒に合うアヒージョづくりのポイントの一つだ。

⬤ とん汁風アヒージョ

東京・神保町　日本酒バル 神保町 青二

もともと和食にある料理をアヒージョで表現するのが、同店の発想。日本酒バルとして、日本酒には和食が合うという基本があるからだ。このアヒージョは、とん汁の具材でアヒージョにしたもの。とん汁風をリアルに表現するために、豚肉は味噌漬けのものを利用して、味噌の香ばしい風味をプラスした。親しみを感じる香味とともに、アヒージョにすることでうま味が凝縮する豚バラ肉の味噌漬けで、お酒がすすむ。「本日のアヒージョ」として日替りで出すメニューの1つ。

とん汁のうま味を凝縮させたアヒージョ

❖材料❖
豆腐
油揚げ
ねぎ
豚バラ肉味噌漬け
あさつき
ピュアオリーブオイル
E.X.V.オリーブオイル
にんにく
アンチョビ
しょっつる
塩

鍋料理から発想した、春のアヒージョ

❖材料❖
鮭ハラス
新ワカメ
ペコロス
ピュアオリーブオイル
E.X.V.オリーブオイル
にんにく
アンチョビ
しょっつる
塩

● シャケハラスとペコロスと新ワカメのアヒージョ

東京・神保町　日本酒バル 神保町 青二

初摘みされる2月〜5月の新ワカメを使ったアヒージョ。「スペイン人にとって、アヒージョはどんな料理だろうか」と想像し、家庭の食卓にも気軽に登場する鍋料理、汁料理ではないかと考えたのが、このアヒージョ。焼いた鮭のハラス、生の玉ねぎを合わせ、季節の新ワカメの鮮やかな緑色をたっぷり盛って、香り立つ磯の風味も添えた。「本日のアヒージョ」として日替りで出すメニューの1つ。

● 海老と蛤とキンキの海鮮アヒージョ

東京・北千住　炉端焼き　一歩一歩

素材に下味をつけてから具材として使う"和食の基本"を取り入れた一品。エビはだしで炊き、地ハマグリは酒蒸しにしてから皿に盛り、ベースのオイルを注ぐ。下味をつけてからオイルと合わせたほうが、油と素材の味がよく馴染み、美味しさが増す。魚介のうま味が浸透したオイルは、バゲットだけでなく、パスタとも相性がよい。

❖材料❖
エビ
だし（カツオ節、みりん、
　淡口醤油）
地ハマグリ
キンキの切り身
酒
塩
ブロッコリー
パプリカ（赤黄）
E.X.V.オリーブオイル
にんにく
タカノツメ
アンチョビ

和風に下ごしらえした 素材を個性に

素材のカットの仕方に個性を

❖材料❖
長芋
大根
人参
みょうが
甘長唐辛子（高知産）
E.X.V.オリーブオイル
にんにく
タカノツメ
アンチョビ

● 根菜のアヒージョ
東京・北千住 炉端焼き 一歩一歩

一般的にアヒージョの具材はゴロゴロと大きいことが多いが、和の職人である同店の名倉氏は野菜（長芋、大根、人参）をピーラーでそいで細長い形状にすることで、個性を高めた。発想のイメージは、和食の「はりはり鍋」であるといい、箸で具材をすくって食べることができる。味の魅力以外に、食べ方の意外性でもお客を楽しませる。

● 彩野菜のアヒージョ

東京・北千住　炉端焼き　一歩一歩

一般的にアヒージョは、塩けを強くして酒の肴として提供する場合が多いが、和の職人である名倉氏は、塩は極力控えることで野菜本来の味や香りを活かしている。ベースのオイルには、クセが強すぎないE.X.V.オリーブオイルを選び、野菜のうま味、香りを引き立てる。また、長芋のサクッとした食感や、みょうがのほろ苦い香りで後味に印象を残す。

塩けを控え、野菜のうま味を引き出す

❖ 材料 ❖
長芋
ブロッコリー
パプリカ（赤黄）
アスパラガス
ズッキーニ
みょうが
E.X.V.オリーブオイル
にんにく
タカノツメ
アンチョビ

> ❖材料❖
> 自家製ハーブ豚の燻製（豚肩ロース肉、塩、桜チップ、ハーブミックス）
> ミニトマト
> 甘長唐辛子（高知産）
> E.X.V.オリーブオイル
> にんにく
> タカノツメ
> アンチョビ

スモークの香りで ワンランクアップ

● 燻製ハーブ豚とミニトマトのアヒージョ

東京・北千住　炉端焼き　一歩一歩

豚肉をそのまま使うのではなく、燻製肉にすることでオイルに燻製香やうま味を移し、ワンランク上のアヒージョを表現する。ポイントは豚肩ロースを網で香ばしく焼いてから燻製させ、味により深みを出す点である。燻製は桜チップのほか、ハーブミックスを加えて爽快な香りを重ね、ひと口目の印象を高める。

❖材料❖
大羽イワシ
赤なす
千寿ねぎ
梅干
大葉
E.X.V.オリーブオイル
にんにく
タカノツメ
アンチョビ

梅肉と酸味でさっぱりと

◉ 赤ナスと千寿ねぎとイワシの和風アヒージョ

東京・北千住 炉端焼き 一歩一歩

夏が旬で刺身でも提供する「大羽イワシ」を用いた、和仕立てのアヒージョ。熊本産「赤なす」はみずみずしくやわらかい肉質が特徴で、オイルとの相性もよい。料理の天に、梅肉と大葉をたっぷりと盛り、さっぱりとした味わいに仕立てる。また、甘みの強さと煮崩れしない点が特徴の江戸野菜「千寿ねぎ」を炭火で炙ってから加え、味と食感にオリジナル性を添える。

● エビの味噌アヒージョ
東京・浅草 Hacco's Table(ハッコーズ テーブル)

発酵食品の魅力をテーマにする店で提供している、オリジナルのアヒージョ。和の印象を出したいと、アヒージョに味噌を使ったのが特徴だ。味噌は、地元・浅草で、文化元年から続く老舗味噌店の、赤だし味噌を使っている。にんにくと唐辛子を入れたオイルに、赤だし味噌を溶かし込むようにして合わせ、塩をしたエビを加えて火にかける。見た目にも和の印象を高めたいと、店のだし材料として使っている本枯れ節を削って仕上げにふりかける。味噌とオイルが乳化したような状態でエビにからむ。パンだけでなくご飯にも合いそうな味わいで、日本酒との相性も良い。味噌が焦げないよう、オイルとの分量バランスがポイント。価格：900円（税込）

❖材料❖
エビ
オリーブオイル
焼きにんにく
唐辛子
塩
赤だし味噌
カツオ本枯れ節

発酵食品を組み合わせた、日本酒と相性抜群の味わい

「冷え性」解消の効用も。
女性に好評のアヒージョ

◉ 生姜のアヒージョ

東京・吉祥寺　生姜屋　黒兵衛

薬味としての活用しかされてこなかった生姜を店の個性とし、働く女性に人気の同店。生姜のアヒージョは、お勧めメニューとして2017年頃から出し始めたメニュー。オイルににんにくを入れて温め、食べやすいよう薄くスライスした生姜を入れ、それと相性の良い根菜類なども加えて加熱。仕上げに針生姜をのせて、香りを強調した。生姜の香りと味を活かすため、アンチョビなどの他の材料は入れない。火を入れた生姜の食感と、生の生姜の香りを楽しませる。生姜は、時期や鮮度によって硬さや風味が変わるので、状態に合わせて厚みや分量を工夫して調理する。定価：500円（税別）

❖材料❖
- 生姜
- オリーブオイル
- にんにく
- 自家製熟成ベーコン
- エリンギ
- ミニトマト
- さつま芋
- かぼちゃ
- 九条ねぎ

ごま油＋醤油風味！

◉ 鶏肉と木の子とにんにくのアヒージョ

東京・調布 北海道食堂 彦べえ 調布店

ココットで提供し、竹串を刺して食べる、手軽でかわいい印象のアヒージョ。具材は鶏肉と茸という定番の組み合わせと思いきや、醤油ベースのだしで煮ているので、思いがけない和の味わいが楽しめる。茸は、マッシュルームと袋茸を使い、食感の違いも楽しませる。同店オープン以来のロングセラーメニュー。価格：550円（税込）

❖材料❖
鶏モモ肉
マッシュルーム
袋茸
だし汁（醤油、
　カツオだし）
ねぎ頭
生姜
にんにく
唐辛子
サラダ油
ごま油

◉ 芋たこなんきんアヒージョ仕立て

兵庫・有馬 四季の彩 旅籠(はたご)

女性が大好きな「芋、タコ、なんきん」を組み合わせ、アヒージョ仕立てにした一品。具材は、粗く皮をむいたかぼちゃ、皮をむいて下茹でした小芋、下茹でした芽きゃべつ、熱湯で霜降りにしたタコ。オリーブオイルを入れた鍋でスライスしたにんにくを熱し、香りが出たところで野菜類を入れる。油が回ったらタコを加え炒め、合わせだしを加え、やわらかくなるまで煮る。

❖ 材料 ❖
小芋
かぼちゃ
タコ
にんにく
芽きゃべつ
オリーブオイル
合わせだし（万能だし、淡口醤油、みりん、酒、砂糖）

女性の好物で、和のアヒージョを

❖材料❖
鯛
新れんこん
にんにく
プチトマト
大葉
オリーブオイル
梅干

にんにくの香り＋梅干の酸味で鯛を楽しむ

◉ 鯛とにんにくのオリーブ焼き

兵庫・有馬 四季の彩 旅篭(はたご)

淡白な鯛のうま味を、にんにくの香りと梅干の酸味で活かした料理。鯛は厚めのへぎ造りにし、揚げたにんにくを挟み香りをつける。オイルを熱した鉄板にれんこんをのせ、その上ににんにくを挟んだ鯛をのせて火を通す。仕上げに、細かく刻んだ梅干を加えたオリーブオイルをかける。

日本料理の煮物を、アヒージョに

❖材料❖
車エビ
ぼう麩
にんにく
木の芽
青ねぎ
オリーブオイル
合わせだし(万能だし、淡口醤油、みりん、酒、砂糖)

● にんにくと麩のふくめ煮 アヒージョ仕立て

兵庫・有馬 四季の彩 旅籠(はたご)

見た目には伝統的な日本料理の一品。上品な和の煮ものを、にんにくの風味でアヒージョ仕立てにアレンジ。下茹でしたエビとにんにく、ぼう麩を鍋に入れ、合わせだしとオイルを入れて火にかけて煮る。仕上げに青ねぎを加えて火を止め、木の芽を盛りつける。にんにくと和のだしの風味を吸ったぼう麩で食欲が増す。

焼肉料理店・中国料理店・エスニック料理店のオリジナルアヒージョ

オリジナルアヒージョの最後に、和でも洋でもない、焼肉料理・中国・アジア料理やメキシコ料理などのエスニックのレストランに、アヒージョを取材。そこには、独自の調味料やスパイスを活かした、まったく新しいアヒージョの世界が広がっている。アヒージョのバリエーションを広げる、個性派料理を紹介。

Ajillo

アルミ容器で提供！調理する楽しさも

❖材料❖
牛ホルモン
オリーブオイル
にんにく
粗挽き唐辛子
青唐辛子
アミ塩辛

● ホルモンのアヒージョ

東京・京橋 焼肉ビストロ 牛印 京橋エドグラン店

テーブルのロースターでお客が焼く。焼肉店らしいアイデアが光る。角型のアルミ容器を活用し、手軽な印象も出した。具材も焼肉メニューから、テッチャン（大腸）を中心にした牛ホルモンを用意。オイルにはにんにくに加えて、キムチの材料であるアミの塩辛も使用。この塩辛が、ホルモンの甘みを引き立てる。独特の食感と濃厚なうま味、唐辛子の辛みで、酒が進む。

椎茸のうま味との相乗効果

❖材料❖
椎茸
オリーブオイル
にんにく
粗挽き唐辛子
青唐辛子
アミ塩辛

● しいたけのアヒージョ

東京・京橋　焼肉ビストロ　牛印　京橋エドグラン店

同店の4種のアヒージョの中で、酒好きのお客に最も人気の高い一品。にんにくとアミの塩辛の風味、青唐辛子の辛みが溶け込んだオイルを椎茸が吸い、椎茸の濃厚なうま味と融合。和のうま味が楽しめる一品となっている。ワインだけでなく、日本酒にも合うと評判。

● エリンギのアヒージョ

東京・京橋 焼肉ビストロ 牛印 京橋エドグラン店

輪切りにしたエリンギを具材に使ったメニュー。エリンギは独自の食感も魅力だが、それ自体の味わいは淡白なので、アミの塩辛の風味をメインに楽しませる一品となっている。アクセントとして青唐辛子も加え、ピリッとした辛みで舌をリフレッシュさせ、最後まで飽きさせない。

独自の食感、辛みと塩けが魅力

❖材料❖
エリンギ
オリーブオイル
にんにく
粗挽き唐辛子
青唐辛子
アミ塩辛

● 海老のアヒージョ

東京・京橋 焼肉ビストロ 牛印 京橋エドグラン店

焼肉店で、焼き物メニューとして使っているエビを使用したアヒージョ。殻をむいた無頭のエビを、にんにくとアミの塩辛の風味のきいた油で煮て火を通す。エビとアミという2種類の甲殻類のうま味が合わさり、複雑で濃厚な風味が楽しめる。

「アミ塩辛」の塩けと、甲殻類のうま味

❖材料❖
エビ
オリーブオイル
にんにく
粗挽き唐辛子
青唐辛子
アミ塩辛

● ハーブシュリンプの亞ヒージョ

千葉・船橋 Oriental Bistro SAHARA

アジア料理に洋の人気料理を融合させ、気軽なスタイルで楽しませる同店。その代表的な料理が、独自の調味料を使った「亞ヒージョ」だ。タイ料理の調味料であるナンプリックパオをアヒージョと組み合わせ、アジアンテイストに仕上げた一品。ナンプリックパオは、にんにく、玉ねぎ、唐辛子、干しエビ、タマリンドなどが入る甘辛味噌で、独特のうま味と甘みがエビの風味を引き立てる。エビは、レモングラスやミントなどのハーブを餌として育てた、ほのかなハーブの香りが特徴。バケット4枚付き。追加は2枚100円。価格：850円（税別）

タイの調味料を組み合わせた、アジアン風味の"亞"ヒージョ

❖材料❖
オリーブオイル
にんにく
唐辛子
ナンプリックパオ
ハーブシュリンプ

スペイン、タイ、イタリアの融合で、新しい味わいに

❖材料❖
オリーブオイル
にんにく
唐辛子
ナンプリックパオ
プチトマト(赤・黄)
モッツァレラチーズ
バジリコ

● トマトとモッツァレラの亞ヒージョ

千葉・船橋 Oriental Bistro SAHARA

スペイン、イタリアからヒントを得たタイ王国風の「亞ヒージョ」。女性に人気のカプレーゼからヒントを得た料理で、「亞ヒージョ」にトマトとモッツァレラを組み合わせ、仕上げにバジルをのせた。熱せられることでバジルのすっきりとした香りが強調され、にんにくの香り、ナンプリックパオの甘辛さと意外なほどマッチする。ワインともよく合い、女性客に人気の一品。価格：800円（税別）

● エビのアヒージョ

千葉・船橋 メキシカンバル RICO

メキシコ産唐辛子のチレと、それを使ったサルサを使い、メキシコらしいオリジナリティを出しているのが、同店のアヒージョ。このアヒージョは、エビのリクエストが多かったことから始めたもの。果実性の香りと刺すような強い辛みのチレ・デ・アルボルに加え、チレ・デ・アルボルで作る赤いソースのサルサ・ロハ、強い辛みとみずみずしい風味のチレ・ハラペーニョを使ったサルサ・メヒカーナと、3種類の唐辛子の辛さで楽しませる。スライスしたハラペーニョも入っており、独特の酸味がメキシコ料理風の味わいに仕上がっている。オイルに浸ったハラペーニョをパンにのせて楽しむ人もいる。価格：980円（税別）

3種のメキシコ産唐辛子で、辛さがさらに進化！

❖材料❖
オリーブオイル
にんにく
チレ・ハラペーニョ
チレ・デ・アルボル
ハーブシュリンプ
マッシュルーム
サルサ・メヒカーナ
サルサ・ロハ

メキシカンテイストの、春を楽しむアヒージョ

❖材料❖
オリーブオイル
にんにく
チレ・デ・アルボル
ホタルイカ
マッシュルーム
サルサ・メヒカーナ
ライム

● ホタルイカのアヒージョ

千葉・船橋 メキシカンバル RICO

「今月のアヒージョ」として出しているメニューで、ホタルイカを使った春の一品。ホタルイカのうま味も楽しませるために、サルサは、トマト、玉ねぎ、青唐辛子、にんにくで作る、メキシコを代表するソースのサルサ・メヒカーナを使用。唐辛子も、果実性の香りでホタルイカの風味を引き立てるチレ・デ・アルボルを使った。スライスしたライムをのせてフレッシュ感も出し、ビールに合う味わいに仕上げた。価格：880円（税別）

● 牛ロースの四川風 アヒージョ仕立て

大阪・福島 chinese酒場 炎技（エンギ）

四川料理の「水煮牛肉」をベースにアレンジ。牛肉は卵と片栗粉でコーティングして湯通しし、にんにく、郫県豆板醤、生姜などの調味料と、スープのタレにからめて片栗粉でとろみを出す。中国パセリ、アワビ茸、レタス、もやし、葉にんにくはさっと湯通しして器に盛り、上に牛肉をソースとともにのせ、自家製山椒油、自家製ラー油、ピーナッツ油を熱してかける。にんにくの風味に、唐辛子の「辣」、山椒の痺れる「麻」が、牛肉のうま味を引き立てる。

❖材料❖

中国セロリ	鶏ガラスープ	酢
葉にんにく	にんにく	胡椒
もやし	郫県豆板醤	辣油
レタス	生姜	山椒油
アワビ茸	朝天辣椒面（四川唐辛子）	花生油（ピーナッツ油）
牛肉	四川山椒	白ねぎ
胡椒	醤油	香菜
卵	砂糖	
片栗粉		

四川テイスト！「麻」「辣」アヒージョ

● 賀茂なすの四川風 アヒージョ仕立て

大阪・福島 chinese酒場 炎技(エンギ)

前出の「牛肉」をさらにアレンジ。牛肉に代えて、肉厚の京野菜・賀茂なすを使用した一品。果肉の詰まった賀茂なすは、煮崩れしにくく煮込み調理に向く素材。素揚げして香ばしさを出し、にんにくと豆板醤をきかせたタレにからめる。仕上げに山椒の辛みと香りを立たせた熱い油をかける。

京野菜を味わう 中華アヒージョ

❖材料❖
中国セロリ
葉にんにく
もやし
レタス
アワビ茸
賀茂なす
鶏ガラスープ
にんにく
郫県豆板醤
生姜
朝天辣椒面（四川唐辛子）
四川山椒
醤油
砂糖
酢
胡椒
辣油
山椒油
花生油（ピーナッツ油）
白ねぎ
香菜

135

◉ 牡蠣の四川風アヒージョ仕立て

大阪・福島 chinese酒場 炎技(エンギ)

高温でさっと揚げてうま味を中に閉じ込めたカキが、山椒のソースによく合う。134ページの牛肉に代えて、うま味の濃い海鮮素材として、カキを用いた中華テイストのアヒージョ。カキを噛むと中から濃厚なうま味の汁が流れ出て、にんにくの香り、ピリ辛と痺れる辛さのタレと合わさり絶妙な味わいになる。

❖ 材料 ❖

中国セロリ	にんにく	酢
葉にんにく	郫県豆板醤	胡椒
もやし	生姜	辣油
レタス	朝天辣椒面(四川唐辛子)	山椒油
アワビ茸		花生油(ピーナッツ油)
カキ	四川山椒	白ねぎ
片栗粉	醤油	香菜
鶏ガラスープ	砂糖	

カキのうま味が引き立つ！

❖材料❖
中国セロリ
葉にんにく
もやし
レタス
アワビ茸
黄ニラ
春雨
伊勢エビ
片栗粉
鶏ガラスープ
にんにく（みじん切り）
郫県豆板醤
生姜
朝天辣椒面（四川唐辛子）
四川山椒
醤油
砂糖
酢
胡椒
辣油
山椒油
花生油（ピーナッツ油）
白ねぎ
香菜

伊勢エビのうま味が魅力！
高級アヒージョ

● 伊勢海老の四川風アヒージョ仕立て
大阪・福島 chinese酒場 炎技（エンギ）

うま味の濃い海鮮素材として、伊勢エビを使用した高級感のあるアヒージョ。ぶつ切りの伊勢エビは、片栗粉をまぶして殻ごと高温の油で揚げる。タレとからめたら、仕上げに春雨と黄ニラを加え、湯通しした野菜類を敷いた器に盛る。山椒油、ラー油、ピーナッツ油を合わせて熱した油をかけ、香りを立たせる。伊勢エビのうま味が春雨に染み込み、非常に美味しい。

137

● オリエンタル チリージョ ジャンボマッシュルームとベーコン

東京・池袋　AGALICO アガリコ オリエンタル・ビストロ

アヒージョをベースに、辛みをより強調したことから、「チリ＋アヒージョ」で「チリージョ」と命名。辛みを感じやすくするため、唐辛子ではなく、唐辛子の辛みが溶け込んだチリインオイルを使う。マッシュルームは、その油を吸いすぎないよう軽く炒めてからオイル煮にする。ベーコン（パンチェッタ）は大きめにカットして使うことで、オイルにうま味が移りやすくする。価格：680円（税込）

うま味のある辛さ！

❖材料❖
パンチェッタ
ジャンボマッシュルーム
にんにく
オリーブオイル
アガリコベース（オイスターソース、麺つゆ、チリソース、みりん、にんにく）
乾燥パセリ
バゲット

春のピリ辛&
ホクホク感が魅力

❖材料❖
そら豆
ベーコン
マッシュルーム
にんにく
オリーブオイル
アガリコベース（オイスターソース、麺つゆ、チリソース、みりん、にんにく）
乾燥パセリ
バゲット

● オリエンタル チリージョ そら豆とベーコン、マッシュルーム

東京・池袋　AGALICO アガリコ オリエンタル・ビストロ

そら豆が旬の、春から初夏にかけて美味しいチリージョ。そら豆はうま味が抜けないよう、茹でずに鞘から出したそのままを使う。ベーコン、マッシュルームとともに、にんにくオイルでさっと煮ることで、オイルの風味をまとわせながら、うま味を中に閉じ込め、ホクホクの食感に仕上げる。

> ❖材料❖
> 砂肝
> しし唐
> にんにく
> オリーブオイル
> アガリコベース（オイスターソース、麺つゆ、チリソース、みりん、にんにく）
> 乾燥パセリ
> バゲット

砂肝としし唐の、食感を楽しむ

● オリエンタル チリージョ しし唐と砂肝

東京・池袋　AGALICO アガリコ オリエンタル・ビストロ

しし唐と砂肝。焼とり店などで用いられる素材同士を組み合わせたチリージョ。オイル煮調理に向く砂肝は、コリコリとした食感でしし唐との食感の差を楽しませる。掃除をした砂肝とともにしし唐をにんにくオイルで煮て、火が入ったらアガリコベースを加えて煮立たせる。

● オリエンタル チリージョ ホタルイカとアスパラ

東京・池袋 AGALICO アガリコ オリエンタル・ビストロ

ホタルイカとアスパラを組み合わせた、春のチリージョ。ホタルイカは、歯に当らないよう目と口を取り除いて使う。エスニックのうま味に、ホタルイカのワタから出るうま味が溶け込んで、濃厚な味わいが楽しめる。やはり春が旬のグリーンアスパラのほっくりした食感も魅力。

旬のイカと野菜で、春の味わいに

❖材料❖
ホタルイカ(ボイル)
グリーンアスパラガス
にんにく
オリーブオイル
アガリコベース(オイスターソース、麺つゆ、チリソース、みりん、にんにく)
乾燥パセリ
バゲット

● オリエンタル チリージョ ツブ貝とキノコ

東京・池袋 AGALICO アガリコ オリエンタル・ビストロ

同店の人気ナンバーワン・チリージョが、「ツブ貝とキノコ」。オリーブオイルにオイスターソースなどで作るソースがコクやうま味を加え、ヤミツキになる辛旨の味が大評判。ツブ貝のコリコリした食感が斬新で、茸との食感の差も楽しめ、さらに磯の香りが白ワインに合う。価格：680円（税込）

❖材料❖
ツブ貝
茸
にんにく
オリーブオイル
アガリコベース（オイスターソース、麺つゆ、チリソース、みりん、にんにく）
乾燥パセリ
バゲット

オイスターソースとにんにくの風味、ツブ貝の食感が大評判

アヒージョ！アヒージョ！
[改訂版]

Ajillo!
Ajillo!

取材店紹介
（※掲載店順）

◉ 東京・調布 Tio Danjo（ティオ ダンジョウ）

オーナーシェフの檀上桂太さんは、マドリードを中心に、スペイン全土で料理を学び、東京・恵比寿に95年にスペインレストランを開業。その後2005年に立ち飲みバルを作り、スペインバルブームの火付け役にもなった。その店を、2015年4月に調布に移転。以前と変わらぬ本場の味わいを求めて、ファンが集まり賑わいを見せている。

- 住所＝東京都調布市布田2-37-7　エランプラス1階-B
- 電話＝042-444-5903
- 営業時間＝17時～24時(L.O.23時30分)
- 定休日＝月曜日

◉ 東京・銀座 RESTURANTE JATEXEA PAIS VASCO（パイスバスコ）

2012年に開業した、バスク料理のレストラン＆バル。銀座の路地奥で、ファンを集めている店だ。シェフは、バスクの三ツ星レストラン「マルティン・ベラサテギ」で修業した山田朋仙氏。バスク地方をはじめとしたスペインの伝統料理をはじめ、オリジナル料理も構成。ドリンクはスペイン産ワインに加え、バスク地方の地ワイン・チャコリも用意する。

- 住所＝東京都中央区銀座7-3-16
- 電話＝03-6228-5601
- URL＝http://www.paisvasco.jp
- 営業時間＝17時30分～翌3時(L.O.翌2時)
- 定休日＝日曜日

◉ 東京・代官山 La Casita

1978年に開業した、日本における本格メキシコ料理の草分け的な存在の店。この店の味に触発されて開業したメキシコ料理店は数多い。オーナーシェフ渡辺庸生さんは、店の営業だけでなく各種メディアや料理講習会などを通して、日本でのメキシコ料理の理解と普及に尽力している。

- 住所＝東京都渋谷区代官山13-4　セレサ代官山2階
- 電話＝03-3496-1850
- URL＝http://www.lacasita.co.jp/
- 営業時間＝12時～14時、17時～23時(L.O.22時)
- 定休日＝火曜日

◉ アヒージョ専門店 スプーン

28ページで紹介

143

◉ 串アヒージョ専門店 オリーブ
37ページで紹介

◉ スペイン郷土料理イレーネ
46ページで紹介

◉ 大阪・福島 3BEBES（トレスベベス）
大阪・福島の人気「スペインバルBANDA」と「Bio Bar GREENS」の姉妹店として2015年3月にオープン。民家を改装した店内は、3世代が一堂に楽しめる、赤ちゃん(BEBES)連れでもスペインバルの料理とお酒を楽しめるのが特徴。

- 住所＝大阪府大阪市福島区福島2-9-4
- 電話＝06-7652-3664
- URL＝http://www.cpc-inc.jp/
- 営業時間＝15時～24時
- 不定休

◉ 東京・北千住 cocina&bal boquerona（ボケロナ）
地元で人気の小規模バル「ボケロン」の2号店として、2012年に開業。業態はコシナ＆バルで、バルのように飲むだけでなく本格スペイン料理も楽しめる店。オープンキッチンでスタッフとの会話も楽しめ、家族連れや女性同士など客層は幅広い。同店では、アヒージョはオイルに味と香りをどうつけるのかがポイントと考えており、旬の食材を使った物が多い。

- 住所＝東京都足立区千住1-31-8
- 電話＝03-3870-5868
- URL＝http://boquerona.com/
- 営業時間＝17時～24時（L.O.23時30分。土曜日・日曜日・祝日は11時30分～16時30分〈L.O.15時30分〉、17時～24時〈L.O.23時〉）
- 定休日＝年末年始

◉ 大阪・京橋 SPAIN DINING NIÑO TRAVIESO KYOBASHI
京橋駅から徒歩1分の路地裏にある、一軒家のスペインバル。具材を選べる「MIXアヒージョ」は同店名物メニュー。それ以外にも、スペインの本格おつまみ料理や鉄板焼き料理、煮込み料理、パエリアにワインも豊富に揃え、バル利用だけでなく食事でも楽しめる。1階はバルスタイルで、2階はテーブル席。席数は全50席で、カップルシートや個室席もある。

- 住所＝大阪府大阪市都島区東野田町3-11-7
- 電話＝06-6352-2240
- 営業時間＝17時～翌1時（L.O.24時。日曜日は24時まで、L.O.23時）
- 定休日＝月曜日

◉ 東京・赤坂 ワインレストラン＆ワインバー Celebourg（セレブール）
フランスの銘醸ワインとフレンチベースの料理のマッチングを楽しませる店として、2001年の開業以来、ビル4階で隠れ家的な人気を集めている。ソムリエ資格も持つ小松高士シェフは、スパイス＆ハーブ検定1級の経験を活かし、季節の食材を使った料理をコースで楽しませる。店には厳選したワインを400種類用意。遅い時間帯にはバー利用もできる。

- 住所＝東京都港区赤坂3-18-7　パラッツォカリーナ4階
- 電話＝03-5545-3775
- URL＝https://celebourg.com/celebourg/
- 営業時間＝18時～24時ラストイン（L.O.23時30分。土曜日は23時ラストイン、L.O.23時）
- 定休日＝日曜日、祝日

◉ 東京・赤坂 赤坂あじる亭 Annesso

赤坂で人気の、洋風ワイン居酒屋「赤坂あじる亭」の新スタイルの店。ソムリエが厳選した世界各国のワインを、バルスタイルでカジュアルに楽しませる。このためサービス係も厨房スタッフも、ソムリエ資格を有している。ワインとのマリアージュをより楽しませるために、料理では挽きたてのスパイスを組み合わせた香り高いメニューも用意する。

- 住所=東京都港区赤坂3-16-11　東海赤坂ビル1階
- 電話=03-6277-7794
- URL=https://celebourg.com/agiletei-annesso/
- 営業時間=17時～23時30分（L.O.23時。金曜日は翌2時まで、L.O.翌1時）
- 定休日=日曜日・祝日

◉ 神奈川・横浜 フレンチバル レ・サンス

南仏の三ツ星レストランをはじめ、数々の星付きレストランで修業を積んだ渡辺健善シェフが97年に開いた人気レストラン「レ・サンス」。そのバル業態として2017年に開業した店。「レ・サンス」のレベルの料理が、ワインのつまみとして500円から楽しめるのが魅力で、開業直後から人気を集めている。ワインはグラス売りが500円から10種類以上を用意。

- 住所=神奈川県横浜市青葉区美しが丘5-2-14
- 電話=045-530-5939
- URL=https://frenchbarlessens.jimdo.com/
- 営業時間=11時30分～14時30分L.O.（土曜日、日曜日は14時L.O.）、17時30分～23時30分L.O.（土曜日、日曜日は17時～23時L.O.）
- 定休日=月曜日

◉ 東京・神谷町 肉バル×アヒージョ　Trim神谷町店

兵庫・三宮の本店以外に、東京・神谷町店、兵庫・垂水店、埼玉・北浦和店の計4店を展開する店。和牛ステーキやハラミステーキなどのほか、一品料理も肉がテーマのものを提供。バルメニューは280円とリーズナブルな価格から用意。定番のアヒージョは、現在13種類。それ以外に、各店で地元素材などを使ったアヒージョや期間限定のアヒージョも提供している。

- 住所=東京都港区虎ノ門3-22-7　東武ハイライン第2虎ノ門102
- 電話=050-5347-3045
- URL=http://trim.net/
- 営業時間=11時～23時（ランチは11時～17時）
- 定休日=日曜日

◉ 東京・吉祥寺 NERORI（ネロリ）

「香りを楽しむ」「ささやかなお洒落と楽しみ」をコンセプトに、味覚以外の感覚を大事にすることで、より美味しさを感じてもらう同店。店名は、ダイダイの木から取れる精油の名から付けた。イタリア料理をベースに、ハーブやスパイスを使った香りを楽しめるものが中心で、店名にちなんでオレンジを使ったメニューも用意。フレッシュフルーツのカクテルも。

- 住所=東京都武蔵野市吉祥寺南町1-9-10　TOP吉祥寺2　1階
- 電話=0422-40-0331
- URL=https://www.osteria-nerori.com
- 営業時間=11時30分～15時30分、18時～23時
- 定休日=年中無休（夏期休暇あり）

◉ 東京・西新宿 幡多バル 東京西新宿店

高知県の最西端に位置する、6市町村からなる"幡多地区"の海鮮や肉類、野菜などの食材をメインに使用した産直バル。看板商品「カツオの藁焼き」は、にんにくオイルや自家製ビネガーなどをつけて食べる独自のスタイルで提供する。郷土料理をバルスタイルに昇華した料理とワインで、近隣会社員を主に集客する。

- 住所=東京都新宿区西新宿7-15-17
- 電話=03-3360-1034
- URL=https://hatabaru-sinzyuku.owst.jp/
- 営業時間=11時30分～14時30分（L.O.14時）、17時～24時（L.O.23時30分）
- 定休日=無休

● 東京・中目黒 NYU

第二のリビングのようなホッとできる空間をテーマに、2011年9月にオープン。フランス料理をベースに、和やイタリアンの要素をフュージョンさせた料理が売り物。料理のクオリティの高さとは別に、店はバルのように気軽に利用できる雰囲気が人気。アルコールは、料理に合わせてワインが中心。

- 住所=東京都目黒区上目黒1-3-20　中目黒ヒルズ2階
- 電話=03-6303-2969
- URL=http://www.nyu-nakame.com
- 営業時間=18時〜翌2時
- 定休日=月曜日

● 大阪・難波 Hanchika

フランス留学後、人気フランス料理店で経験を積んだ亀岡卓志オーナーシェフが、「フレンチをもっと気軽に」という思いからオープン。シェフが手がけるのは、"本場の味わい"をベースに、素材や調味料で日本風にアレンジした料理。それをタパス感覚で気軽に楽しめると評判だ。半地下ならではの落ち着いた雰囲気も好評。客単価は3000〜4000円。

- 住所=大阪府大阪市浪速区難波中2-8-91　中川ビル半地下1階
- 電話=06-6643-1166
- URL=https://www.hotpepper.jp/strJ000985168/
- 営業時間=12時〜14時、18時〜23時
- 定休日=月曜日、第3火曜日

● 東京・大塚 大塚 うな串 焼鳥 う福

2018年春、JR大塚駅近くに開業した「大塚のれん街」10店舗の中の1店で、開業は2018年9月。高級食材で食事のイメージが強いウナギを使い、丼だけでなく串焼きスタイルをメインに、馴染みの薄い各種部位を提供。手頃な価格で楽しめる酒の店として人気を集める。お客自らが挽いてかける山椒の香りも魅力。古い民家を改装したレトロな雰囲気も評判だ。

- 住所=東京都豊島区北大塚2-29「ぬ」区画
- 電話=03-3915-5550
- URL=http://boquerona.com/
- 営業時間=16時〜翌1時(土曜日・日曜日・祝日は12時から)
- 定休日=不定休

● 千葉・市原 炭焼隠家だいにんぐ いぶしぎん

千葉・五井駅に近いビル2階に位置し、炭焼きと燻製料理を売り物にした、和がメインの創作料理の店。特に燻製には専用機器を導入し、スモークした素材をさらに炭焼きしたり揚げたりするなど、ひと手間の工夫を凝らした料理を提供している。また女性向けに旬の素材を使ったサラダも充実させている。ドリンクでは各地の日本酒、焼酎にワインも揃える。

- 住所=千葉県市原市五井中央西2-2-5　サンパークビル2階
- 電話=0436-26-3733
- URL=https://kakurega.ibushigin.jp/
- 営業時間=17時〜24時(料理L.O.23時10分、ドリンクL.O.23時30分)
- 定休日=日曜日(月曜祝日の場合は月曜に振替え)

● 東京・神保町 日本酒バル 神保町 青二才

常時、日本酒を70種類ほどもそろえる、おしゃれな「日本酒バル」。日本酒入門者でも楽しめるように、選びやすくし、料理も日本酒と楽しめるように意識して調理されたものが多い。東京・中野と阿佐ヶ谷に姉妹店がある。

- 住所=東京都千代田区神田錦町3-22　テラススクエア1階
- 電話=03-5244-5244
- URL=http://www.aonisai.jp/jimbocho
- 営業時間=平日11時30分〜24時
- 定休日=日曜日・祝日

◉ 東京・北千住 炉端焼き 一歩一歩

東京・北千住で3店の炉端焼きを中心とした居酒屋業態と寿司屋1店舗、カフェ1店舗を展開する。和を基本に洋の要素も取り入れた、酒に合うメニューが、地元客を中心に人気を集めている。店長の名倉一禎さんは懐石料理店で修業後、和食の修業を重ね、2014年に同店に入社。現在、姉妹店「てまえの一歩」の店長兼、料理長を務める。

- 住所=東京都足立区千住3-53
- 電話=03-3870-9395
- URL=http://ippoippo.co.jp/index.html
- 営業時間=17時30分~24時30分(L.O.23時30分)
- 定休日=無休(年末年始除く)

◉ 東京・浅草 Hacco's Table

同店を主催する石島誉士さんの健康体験から、体質改善のために和食をベースに発酵食品の素晴らしさを表現する店としてオープン。味噌、魚醤、甘酒や麹を使った調味料や食品を使用する。その中でも独自性を出していきたいと、アヒージョなどの洋食も取り入れている。発酵がテーマなので、酒も和洋を問わず用意。日本酒は6種類。ワインも用意する。

- 住所=東京都台東区花川戸2-9-10
- 電話=03-6231-7855
- URL=https://haccos.com/
- 営業時間=11時~15時(L.O.14時30分)、17時~22時(L.O.21時30分。土曜日・日曜日は18時30分から)
- 定休日=火曜日

◉ 東京・吉祥寺 生姜屋 黒兵衛

働く女性が楽しめる店として、2016年オープン。抗炎症作用・整腸作用・血行促進作用などにより、冷え性の解消や美肌にも役立つことから女性に関心の高い「生姜」に着目し、調味料や薬味としてはもちろん、"主役"の食材としても使用。京野菜と旬の魚介を組み合わせた、和洋の料理と酒の肴を用意する。お客の70%が女性と、女性層に人気を集めている。

- 住所=東京都武蔵野市吉祥寺南町1-3-3 吉祥寺南口ビル地下1階
- 電話=0422-70-1222
- URL=http://shougaya.favy.jp
- 営業時間=17時~23時(金曜日は24時まで。土曜日は16時~24時。日曜日・祝日は16時~23時)
- 定休日=年中無休

◉ 東京・調布 北海道食堂 彦べえ 調布店

北海道・厚岸から直送される、厳選魚介を使ったメニューが人気のバル。またそれ以外にも、地元・調布市と姉妹都市の長野県木島平産の旬の野菜や、石巻漁港からの魚介類なども使った創作料理など、ワインにも日本酒や焼酎にも合う料理を多数取り揃えている。客席は、カウンター、ソファ席に加え、30名まで対応できる掘りごたつ席なども用意する。

- 住所=東京都調布市小島町1-34-1エクレール調布103
- 電話=042-488-5127
- URL=http://chofu-hikobe.com/
- 営業時間=17時~24時(土曜日・日曜日・祝日は15時~)
- 定休日=無休

◉ 兵庫・有馬 四季の彩 旅篭

兵庫県日本調理技能士会会長、日本調理師会副会長など公職を歴任、各種メディアや学校での講師としても活躍し、黄綬褒章、瑞宝単光章を受章した大田忠道さんが、2002年に開業した料理旅館。館内では料理塾も主宰し、全国の旅館・ホテルの料理のコンサルティングも行っている。

- 住所=兵庫県神戸市有馬町字東門口1389-3
- 電話=078-903-6456
- URL=http://www.arima-hatago.com

● 東京・京橋 焼肉ビストロ 牛印 京橋エドグラン店

都内を中心に中部地区、関西地区にも焼肉店を展開する㈱トラジの、焼肉店の新ジャンルの店。高品質の定番焼肉メニューに加え、焼肉メニューをアレンジしたビストロ料理や、シェフが焼くステーキも揃え、ソムリエが厳選した手頃なワインを楽しませる。アヒージョも、ワインに合う前菜料理の中で揃えている。席数は64席で、個室席も用意している。

- 住所＝東京都中央区京橋2-2-1　京橋エドグラン地下1階
- 電話＝03-3516-1729
- URL＝http://ushijirushi.com/
- 営業時間＝11時〜15時（L.O.14時30分）、17時〜23時（L.O.22時）
- 定休日＝施設に準じる

● 千葉・船橋 Oriental Bistro SAHARA

アジアの美味しい料理を揃えた、気軽に入れる店。世界で人気の料理を、アジア風にアレンジしているのも特徴で、肉料理のほか、千葉・印西市の契約農家で育てた「本日の有機野菜」も好評だ。ドリンクは、ワインにシンハーの生ビール。一戸建ての店は、ドアを開けた瞬間にお客をお出迎えできるようにと扉に鍵をかけ、お客には呼び鈴で来店を知らせるシステムでも話題。

- 住所＝千葉県船橋市本町4-5-15
- 電話＝047-423-0386
- URL＝http//www.4motion2005.com/sahara
- 営業時間＝17時〜翌2時（L.O.翌1時。日曜日・祝日は24時まで、L.O.23時）
- 定休日＝年末年始

● 千葉・船橋 メキシカンバル RICO

カジュアルな雰囲気の中、メキシコ人シェフのレシピによる本格メキシコ料理を提供する店。メキシコはスペイン征服以降、スペイン文化が流入しアヒージョも食べられている。そこで同店ではメキシコをイメージさせるアヒージョを、季節感も考えて提供する。またメキシコのプロレスや音楽マリアッチの生演奏を定期的に行うなど、賑やかな雰囲気も人気。

- 住所＝千葉県船橋市本町1-4-18 TKビル2階
- 電話＝047-405-2525
- URL＝http//www.4motion2005.com/rico
- 営業時間＝11時30分〜14時30分、17時〜24時30分（L.O.23時30分）
- 定休日＝月曜日のランチ

● 大阪・福島 chinese酒場 炎技

本格派の四川料理・上海料理をミックスし、バル風にアレンジした料理が特徴で、ワインとともに気軽に楽しむことができると、福島に集まる食通の間で話題の店。料理長の梅本大輔さんは、大阪のホテルの中華料理店で修業を積んだ後に同店に勤務。アヒージョは四川料理の技術を活かして創作した料理。客単価は3000〜4000円。

- 住所＝大阪府大阪市福島区福島4-2-65
- 電話＝06-6131-9974
- 営業時間＝17時〜24時
- 定休日＝日曜日

● 東京・池袋 AGALICO アガリコ オリエンタル・ビストロ

アジアの美味しいものを集めた食事と厳選したワイン、そして野菜にも力を入れ、ベジタブル×エスニックで女性に人気の店。アヒージョも、エスニックの感覚を取り入れた「オリエンタルチリージョ」が好評だ。ワインボトルは2800円均一から高級なものまで幅広く揃え、シャンドンがグラス500円と都内最安値の破格さで注目を集める。客単価は約2800円。

- 住所＝東京都豊島区池袋2-10-6　1階
- 電話＝03-3590-3170
- URL＝http://tabelog.com/tokyo/A1305/A130501/13127050/
- 営業時間＝17時00分〜翌7時
- 定休日＝無休

アヒージョ
主材料別
索引

エビ・カニ

エビのアヒージョ
◉東京・調布
Tio Danjo
010

エビとチレ・ムラートの
アヒージョ
◉東京・代官山
La Casita
024

カニ爪とホタテの串アヒージョ
蟹味噌ムース
◉大阪・天満
串アヒージョ専門店 オリーブ
042

ソフトシェルクラブの
アヒージョ
◉大阪・福島
3BEBES
048

エビのアヒージョ
◉東京・北千住
cocina&bal boquerona
054

オマール海老・セニョールの
アヒージョ
◉東京・赤坂
ワインレストラン&ワインバー
Celebourg
069

トムヤムクンアヒージョ
◉東京・赤坂
赤坂あじる亭Annesso
080

薬膳アヒージョ
◉東京・赤坂
赤坂あじる亭Annesso
081

黒尊川のこんにゃくと
黒瀬町小エビのアヒージョ
◉東京・西新宿
幡多バル 東京西新宿店
094

えびとイカと季節野菜の
アヒージョ
◉大阪・難波 Hanchika
103

海老と蛤とキンキの
海鮮アヒージョ
◉東京・北千住
炉端焼き 一歩一歩
114

エビの味噌アヒージョ
◉東京・浅草
Hacco's Table
119

にんにくと麩のふくめ煮
アヒージョ仕立て
◉兵庫・有馬
四季の彩 旅籠
124

海老のアヒージョ
◉東京・京橋
焼肉ビストロ 牛印 京橋エドグラン店
129

ハーブシュリンプの
亞ヒージョ
◉千葉・船橋
Oriental Bistro SAHARA
130

エビのアヒージョ
◉千葉・船橋
メキシカンバル RICO
132

伊勢海老の四川風
アヒージョ仕立て
◉大阪・福島
chinese酒場 炎技
137

魚

149

バカラオ・アル・ピルピル
◉東京・銀座　パイスバスコ
016

鯛とチレ・ウァヒージョの
アヒージョ
◉東京・代官山
La Casita
027

塩タラと明太子の
親子アヒージョ
◉神奈川・横浜
アヒージョ専門店 スプーン
029

ブリ大根の串アヒージョ
柚子胡椒あんかけ
◉大阪・天満
串アヒージョ専門店 オリーブ
041

シラスのアヒージョ
◉東京・中野
スペイン郷土料理 イレーネ
046

イワシのアヒージョ
◉大阪・京橋
SPAIN DINING
NIÑO TRAVIESO KYOBASHI
059

サーモンのアヒージョ、
燻製したパプリカの香り
◉東京・赤坂
ワインレストラン&ワインバー
Celebourg
072

マスのミ・キュイのアヒージョ
◉神奈川・横浜
フレンチバル レ・サンス
082

グルヌイユのアヒージョ
◉神奈川・横浜
フレンチバル レ・サンス
084

シラスとヤングコーンの
アヒージョ
◉東京・吉祥寺　NERORI
092

鰻かぶとアヒージョ
◉東京・大塚
大塚 うな串 焼鳥 う福
104

ねぎ間のアヒージョ
◉東京・神保町
日本酒バル 神保町 青二才
108

サバの干物と塩レモン、
鬼おろしアヒージョ
◉東京・神保町
日本酒バル 神保町 青二才
110

シャケハラスとペコロスと
新ワカメのアヒージョ
◉東京・神保町
日本酒バル 神保町 青二才
113

鯛とにんにくのオリーブ焼き
◉兵庫・有馬
四季の彩 旅籠
123

タコ・イカ

タコとチレ・デ・アルボルの
アヒージョ
◉東京・代官山
La Casita
023

イカゲソとキャベツの
アヒージョ
◉東京・北千住
cocina&bal boquerona
055

スルメイカと菜の花の
イカワタを使ったアヒージョ
◉東京・中目黒
NYU
099

イイダコ、トマト、青さ海苔の
しょっつるアヒージョ
◉東京・神保町
日本酒バル 神保町 青二才
109

ホタルイカのアヒージョ
◉千葉·船橋
メキシカンバル RICO
133

オリエンタルナリージョ
ホタルイカとアスパラ
◉東京·池袋
AGALICO アガリコ
オリエンタル・ビストロ
141

貝

ホタテとナレ・アンチョの
アヒージョ
◉東京·代官山
La Casita
026

牡蠣の串アヒージョ
カレー仕立て
◉大阪·天満
串アヒージョ専門店 オリーブ
043

サザエのアヒージョ
◉大阪·福島
3BEBES
049

ムール貝のチリアヒージョ
◉東京·北千住
cocina&bal boquerona
056

ツブ貝とそら豆のアヒージョ
◉大阪·京橋
SPAIN DINING
NIÑO TRAVIESO KYOBASHI
062

牡蠣・生海苔・トリュフの
アヒージョ
◉東京·赤坂
ワインレストラン&ワインバー
Celebourg
070

エスカルゴとキノコの
アヒージョ
◉東京·赤坂
ワインレストラン&ワインバー
Celebourg
071

ムール貝のアヒージョ
◉東京·赤坂
赤坂あじる亭Annesso
077

エスカルゴのアヒージョ
◉神奈川·横浜
フレンチバル レ・サンス
083

ツブ貝のアヒージョ
◉東京·神谷町
肉バル×アヒージョ Trim神谷町店
088

牡蠣玉アヒージョ
◉東京·大塚
大塚 うな串 焼鳥 う福
105

牡蠣の四川風
アヒージョ仕立て
◉大阪·福島
chinese酒場 炎技
136

オリエンタルナリージョ
ツブ貝とキノコ
◉東京·池袋
AGALICO
アガリコ オリエンタル・ビストロ
142

鶏

鶏肉のアヒージョ
◉東京·調布
Tio Danjo
014

鶏肉とナレ・パスィージャの
アヒージョ
◉東京·代官山
La Casita
022

地鶏のアヒージョ
◉神奈川·横浜
アヒージョ専門店 スプーン
032

151

砂ずりのアヒージョ
◉大阪・福島
3BEBES
052

せせりのピリ辛アヒージョ
◉東京・北千住
cocina&bal boquerona
057

フォアグラとインカの
めざめのアヒージョ
◉東京・赤坂
ワインレストラン&ワインバー
Celebourg
073

タンドリーチキンのアヒージョ
◉東京・赤坂
赤坂あじる亭Annesso
074

砂肝のアヒージョ
◉東京・赤坂
赤坂あじる亭Annesso
076

四万十鶏とパプリカの
アヒージョ
◉東京・西新宿
幡多バル 東京西新宿店
095

砂肝スモーク、ザーサイ、
レタスのアヒージョ
◉東京・中目黒
NYU
098

セセリとモッツァレラチーズの
アヒージョ トマト風味
◉千葉・市原
炭焼隠家だいにんぐ いぶしぎん
107

鶏肉と木の子とにんにくの
アヒージョ
◉東京・調布
北海道食堂 彦べえ 調布店
121

オリエンタルチリージョ
し唐と砂肝
◉東京・池袋
AGALICO
アガリコ オリエンタル・ビストロ
140

牛・豚

牛ロースとまぐろトロの
串アヒージョ 炙り雲丹のせ
◉大阪・天満
串アヒージョ専門店 オリーブ
044

牛たんのアヒージョ
◉大阪・京橋
SPAIN DINING
NIÑO TRAVIESO KYOBASHI
060

牛アキレスのアヒージョ
◉大阪・京橋
SPAIN DINING
NIÑO TRAVIESO KYOBASHI
061

ソーセージのアヒージョ
◉東京・赤坂
赤坂あじる亭Annesso
078

牛モツのアヒージョ
◉神奈川・横浜
フレンチバル レ・サンス
085

牛タンサガリのアヒージョ
◉東京・神谷町
肉バル×アヒージョ Trim神谷町店
087

豚トロのアヒージョ
◉東京・神谷町
肉バル×アヒージョ Trim神谷町店
090

四万十ポークのソーセージと
土佐ニンニクのアヒージョ
◉東京・西新宿
幡多バル 東京西新宿店
096

燻製ミンチと土佐佐賀しめじの
アヒージョ
◉東京・西新宿
幡多バル 東京西新宿店
097

燻製ハーブ豚とミニトマトの
アヒージョ
◉東京・北千住
炉端焼き 一歩一歩
117

ホルモンのアヒージョ
◉東京・京橋
焼肉ビストロ 牛印 京橋エドグラン店
126

牛ロースの四川風
アヒージョ仕立て
◉大阪・福島
chinese酒場 炎技
134

野菜

アボカドとトマトのアヒージョ
◉神奈川・横浜
アヒージョ専門店 スプーン
031

アヒージョof
アヒージョ=ニンニク
◉神奈川・横浜
アヒージョ専門店 スプーン
033

ジャガイモとベーコンの
アヒージョ 卵のせ
◉神奈川・横浜
アヒージョ専門店 スプーン
034

季節野菜の串アヒージョ
◉大阪・天満
串アヒージョ専門店 オリーブ
039

生ハムのみじん切りと
ピクルスのアヒージョ
◉大阪・福島
3BEBES
053

ポワローねぎとズワイ蟹の
アヒージョ
◉東京・赤坂
ワインレストラン&ワインバー
Celebourg
068

にんにくと胡椒のアヒージョ
◉東京・赤坂
赤坂あじる亭Annesso
075

ヤングコーンと
生ハムのアヒージョ
◉東京・赤坂
赤坂あじる亭 Annesso
079

ナスのアヒージョ
◉東京・神谷町
肉バル×アヒージョ Trim神谷町店
091

雲丹とカリフラワーでアヒージョ
◉東京・吉祥寺
NERORI
093

アンチョビ白菜
◉大阪・難波 Hanchika
102

野菜のアヒージョ
◉千葉・市原
炭焼隠家だいにんぐいよしぎん
106

根菜のアヒージョ
◉東京・北千住
炉端焼き 一歩一歩
115

彩野菜のアヒージョ
◉東京・北千住
炉端焼き 一歩一歩
116

赤ナスと千寿ねぎと
イワシの和風アヒージョ
◉東京・北千住
炉端焼き 一歩一歩
118

生姜のアヒージョ
◉東京・吉祥寺
生姜屋 黒兵衛
120

153

芋たこなんきん
アヒージョ仕立て
◉兵庫・有馬
四季の彩 旅籠
122

賀茂なすの四川風
アヒージョ仕立て
◉大阪・福島
chinese酒場 炎技
135

オリエンタルチリージョ
そら豆とベーコン、マッシュルーム
◉東京・池袋 AGALICO
アガリコ オリエンタル・ビストロ
139

茸

マッシュルームのアヒージョ
◉東京・調布 Tio Danjo
012

茸とチレ・チポトレのアヒージョ
◉東京・代官山
La Casita
025

シイタケのアヒージョ
◉神奈川・横浜
アヒージョ専門店 スプーン
036

マッシュルームの串アヒージョ
スープ仕立て
◉大阪・天満
串アヒージョ専門店 オリーブ
040

トリュフとブラウン
マッシュルームのアヒージョ
◉大阪・福島
3BEBES
050

しいたけのアヒージョ
◉東京・京橋
焼肉ビストロ 牛印 京橋エドグラン店
127

エリンギのアヒージョ
◉東京・京橋
焼肉ビストロ 牛印 京橋エドグラン店
128

オリエンタルチリージョ
ジャンボマッシュルームと
ベーコン
◉東京・池袋 AGALICO アガリコ
オリエンタル・ビストロ
138

他

下仁田ネギ&カマンベール&
ベーコンのアヒージョ
◉神奈川・横浜
アヒージョ専門店 スプーン
029

カンガルーのアヒージョ
朝倉サンショー風味
◉神奈川・横浜
アヒージョ専門店 スプーン
035

フルーツの串アヒージョ
アイス添え
◉大阪・天満
串アヒージョ専門店 オリーブ
045

ミックスアヒージョ
◉大阪・京橋
SPAIN DINING
NIÑO TRAVIESO KYOBASHI
058

ブイヤベースのアヒージョ
◉神奈川・横浜
フレンチバル レ・サンス
086

とん汁風アヒージョ
◉東京・神保町
日本酒バル 神保町 青二才
112

トマトとモッツァレラの亞ヒージョ
◉千葉・船橋
Oriental Bistro SAHARA
131

「生ハム」「サラミ」大全

- 定価 3000円+税
- B5変形・144ページ

ワインを売るには欠かせないアイテムとなった生ハム、それにサラミ。しかしその魅力をアピールする上で、産地を表示するだけのことが多い。その製品が作られている環境・つくり手の信念や、製造工程の特徴などを知ることができれば、取り扱う生ハムやサラミを、もっと積極的にお客に説明することができ、お客も今以上に美味しく味わうことができるはずです。そこで、産地ごとのメーカー・ブランドの特徴を紹介したのが本書です。イタリア、スペイン、フランス、ドイツと、日本に輸入されている生ハムとサラミについて紹介。日本に未上陸の産地の情報も含めて、もっと深く学べる内容になっています。

主な内容

■イタリアの生ハム
- プロシュット・ディ・パルマ
- プロシュット・ディ・サン・ニエーレ
- プロシュット・トスカーノ
- ヴァッレ・ダオスタ・ジャンボン・ドゥ・ボッス
- クルード・ディ・クーネオ
- プロシュット・ヴェネト・ベリコ=エウガネオ
- プロシュット・ディ・モデナ
- プロシュット・ディ・カルペーニャ
- プロシュット・ディ・ノルチャ
- プロシュット・ディ・サリウス
- プロシュット・ディ・アマトリチャーノ
- プロシュット・ディ・チンタ・セネーゼ
- クラテッロ・ディ・ジベッロ

■スペインの生ハム
- ギフエロ
- ハモン・デ・ハボーゴ（旧ハモン・デ・ウエルバ）
- デエサ・デ・エストゥレマドゥーラ
- ロス・ペドローチェス
- ハモン・デ・テルエル
- 他地域の生ハム

■ヨーロッパの他の国の生ハム
- ノワール・ド・ビゴール
- ジャンボン・ド・バイヨンヌ
- ドイツの生ハム

■イタリアのサラミ

■スペインのサラミ

旭屋出版　〒160-0005 東京都新宿区愛住町23番地2 ベルックス新宿ビルⅡ6階
販売部（直通）☎03-5369-6423　http://www.asahiya-jp.com

★お求めは、お近くの書店または左記窓口、旭屋出版WEBサイトへ。

人気レストランが探究する スチコンで作る魅力料理

Steam Convection Oven Magical Recipes

■定価 3500円＋税
■Ａ４判・192ページ

【本書に登場するお店】

- La Biographie…
- ラ・ロシェル山王
- gri-gri
- Agnel d'or
- レストラン セビアン
- Cucina Italiana Atelier Gastronomico DA ISHIZAKI
- cenci
- RISTORANTE i-lunga
- erba da nakahigashi
- 3BEBES
- ZURRIOLA
- 京料理 木乃婦
- 料理屋 植むら
- 魚菜料理 縄屋
- 神田 雲林
- 唐菜房 大元
- Chi-Fu
- 拳ラーメン
- らーめん style JUNK STORY

料理人の感性を刺激する「加熱」の妙技

旭屋出版　〒160-0005 東京都新宿区愛住町23番地2 ベルックス新宿ビルⅡ 6階
販売部（直通）☎03-5369-6423　http://www.asahiya-jp.com

★お求めは、お近くの書店または左記窓口、旭屋出版WEBサイトへ。

現代 フランス × ノルディック

発酵で料理する

ガストロノミーの
新トレンド

旭屋出版

■定価　本体3500円＋税
■A4判・144ページ

発酵で料理する

ガストロノミーの新トレンド
微生物が起こす料理革命！

従来の調理は加熱が中心でしたが、加熱をしなくても食材自体 の風味を変えられるのが発酵の画期的なところ。
発酵させた食材をそのまま使うのはもちろん、発酵で出てきた液体をスープやドレッシングに仕立てたり、発酵で生み出されたうま味や酸味を調味料としても利用します。

現代フランス×ノルディック

SECTION 1
野菜と豆の発酵
ニシンと発酵じゃがいものパンケーキ
かぶらの三姉妹
発酵独活と細魚のクリュ・タリアテッレ, 晩白柚
発酵ソール・ボンファム
セリと塩麹エスプーマのディップ
レンズ豆のテンペ
塩麹漬けホロホロ鳥と発酵じゃがいものエスプーマ
ウッフブイエのスープ仕立て
蝦夷鹿芯々のカルパッチョ　発酵ビーツ　カゼイン
マグロとガスパチョ
発酵海老いものフライ
真牡蠣、うに…磯辺　発酵野菜のラヴィゴット・エルブ
小さな野菜のピエロ仕立て すんきベアルネーズ
紀州鴨　シュークルート
昆布締めの平目 エルダーベリーの煎り酒

SECTION 2
肉と魚の発酵
ツキノワグマの生ハムと北欧風レバーパテ
ポーピエット
スープ・ド・ポワソン 発酵しらす
アンチョビムースのディップ
発酵信州サーモンのスナック
猪の糠漬けミルフィーユ
ヤイトハタ　糠漬け　シャンパン
鹿節
琵琶マス鮓

SECTION 3
麹菌を使った発酵
フォワグラ 味噌漬け
黄かぶの塩釜焼き ベルガモットゆべしのソース
石垣牛と黒麹
にんじんと米麹のフローズンエア 金柑のクーリー
アボカドよう パンデピス
オリーブオイルとカカオのグラサージュ
ラングスティーヌ ココナッツのラビオリ
アボカドようバター 甲殻類のコンソメ

SECTION 4
発酵で作るデザート
カビ菌に見立てて
自家製ヨーグルトムースとすぐりのソース
黒米塩麹アイス
冷製クレープシュゼット
米の力
発酵いちごと酒粕、紅茶キノコ

旭屋出版　〒160-0005 東京都新宿区愛住町23番地2 ベルックス新宿ビルII 6階
販売部（直通）☎03-5369-6423　http://www.asahiya-jp.com

★お求めは、お近くの書店または左記窓口、旭屋出版WEBサイトへ。

科学が創造する新しい味

現在活躍中のトップシェフ7人に「火入れ」「香り」「食感」「発酵」「再構築」「液体窒素」などをテーマに料理を紹介してもらい、調理技術や科学知識の応用術を詳しく解説しながら、シェフたちの科学との付き合い方と、個性豊かな味の創作方法を探ります。

■ 定価　本体3500円＋税
■ A4判・144ページ

「生体制御学」から見るおいしさの法則
内藤泰治　「サルキッチン」

旬と時間を駆使した、「いま」しか味わえない料理
山本英男　「レストラン エール」

食材の潜在的な力を引き出す原始的な火入れ術
鳴神正量　「鳴神」

感性を影で支える科学
永島健志　「81」

必要な香りだけをふくらませる引き算と温度
加山賢太　「マルゴット・エ・バッチャーレ」

同系色の食材で味を統一する実験
目黒浩太郎　「アビス」

食感の変化で、これまでにない組み合わせを成立させる
山本　雅　「虎峰」

分子調理学者 石川伸一博士に聞く
料理に印象を生み出す科学

旭屋出版　〒160-0005 東京都新宿区愛住町23番地2 ベルックス新宿ビルⅡ 6階
販売部（直通）☎03-5369-6423　http://www.asahiya-jp.com

★お求めは、お近くの書店または左記窓口、旭屋出版WEBサイトへ。

探究するシェフ
～美味への創造力と情熱～

フレンチ、イタリアン、スパニッシュ、中国料理…の人気シェフが「今、追求している技術・食材」にスポットを。

【本書の内容】
野菜を魅力にした人気メニュー
スチコンで作るスペシャリテ
減圧加熱調理器を使った魅力料理
日本の食材を生かす　～エディブルフラワー
ニューコンセプト　～新店の魅力づくりの視点
シェフが注目する食材
シェフの食材を求める旅

■A4判・並製・カバー付き・176ページ
■定価　3000円+税

【掲載店】

- 東京・御殿山　Quintessence(レストラン カンテサンス)
- 東京・西麻布　Crony(クローニー)
- 京都・東山　祇園MAVO
- 東京・西麻布　Erba da nakahigashi(エルバ ダ ナカヒガシ)
- 東京・中目黒　cuisine française NARITA YUTAKA
- 東京・恵比寿　ウェスティンホテル東京　広東料理　龍天門
- 東京・白金台　Ristorante Senso(リストランテ　センソ)
- 東京・銀座　ZURRIOLA(スリオラ)
- 東京・代々木上原　Gris(グリ)
- 東京・恵比寿　Élan MIYAMOTO(エラン ミヤモト)
- 東京・代々木上原　Le Beaucoup(ル ボークープ)
- 東京・六本木　虎峰(コホウ)
- 東京・西麻布　AZUR et MASA UEKI(アズール エ マサ ウエキ)
- 東京・東長崎　Restaurant C'EST BIEN(レストラン セビアン)
- 東京・日本橋　LA BONNE TABLE(ラ・ボンヌ・ターブル)
- 東京・六本木　le sputnik(ル スプートニク)
- 東京・小金井　TERAKOYA(テラコヤ)

旭屋出版　〒160-0005 東京都新宿区愛住町23番地2 ベルックス新宿ビルII 6階
販売部(直通)☎03-5369-6423　http://www.asahiya-jp.com

★お求めは、お近くの書店または左記窓口、旭屋出版WEBサイトへ。

※本書は、旭屋出版MOOK
「アヒージョ!アヒージョ!」(平成27年刊)に
追加取材し、再編集・構成・改題し
書籍化したものです。

「アヒージョ！アヒージョ！」改訂版

バル、各種レストランに、
アヒージョ専門店の
メニュー110品！

発行日　令和元年5月24日初版発行

● 編　者　　旭屋出版　編集部
● 発行者　　早嶋　茂
● 制作者　　永瀬　正人
● 発行所　　株式会社旭屋出版
　　　　　　〒160-0005
　　　　　　東京都新宿区愛住町23-2ベルックス新宿Ⅱ6階
　　　　　　郵便振替　00150-1-19572

　　　　　　販売部 TEL 03（5369）6423
　　　　　　　　　 FAX 03（5369）6431
　　　　　　編集部 TEL 03（5369）6424
　　　　　　　　　 FAX 03（5369）6430
　　　　　　旭屋出版ホームページ　http://www.asahiya-jp.com

● 撮影　　　後藤弘行（本誌）、川井裕一郎、佐々木雅久、徳山善行
● デザイン　Variant Design（小川　浩）
● 取材　　　井上久尚、森　正吾、虻川実花

印刷・製本　株式会社シナノ パブリッシング プレス

※許可なく転載、複写ならびにweb上での使用を禁じます。
※落丁、乱丁本はお取替えします。
※定価はカバーにあります。

©Asahiya Shuppan,2019
ISBN 978-4-7511-1384-4 C2077
Printed in Japan